¡AUXILIO!
MI MATRIMONIO SE
DERRUMBA

Pr. Nerio Morales

DEDICATORIA

Sé que cualquier palabra que pueda exponer en este libro, no será suficiente para expresar mi agradecimiento, solo espero que a través de ellas, puedan entender mis sentimientos de amor y cariño hacia ustedes.

A mi Dios por haber tenido paciencia conmigo y por mostrarme el verdadero valor de mantener una familia. A mi esposa Oleida por ser paciente y saber amarme sin condición. A mis hijos y nietos por ser el combustible que me da la fuerza cada día para luchar por ellos. A mis yernos y nuera por haber traído alegría a mi casa y mi familia. A mi madre por ayudarme a crecer y enseñarme el verdadero valor de la vida. A mis hermanos por amarme y respetarme como lo han hecho hasta ahora. A mis hermanos del equipo de matrimonios con promesas, compañeros de llave, los pastores Yony Camejo y Ender López, por tener siempre una palabra en su boca para aconsejarme. A la Dra. María Giufrida, la Dra. Olida Torres, la Dra. Massiel Sierra y la Licda. Yasmile de Camejo, quienes agregaron o quitaron líneas de este manuscrito. Dedico las páginas de este libro a todos ellos para que siempre me recuerden y sepan lo importante que han sido para mi vida.

¡AUXILIO!
MI MATRIMONIO
SE DERRUMBA

Autor: Pr Nerio Morales
Prólogo: Yony y Yasmile Camejo
Depósito Legal: 0946792901
ISBN: 9798711158806
Venezuela, Agosto 2017

Dirección:

«El que halló esposa halló el bien, Y alcanzó la benevolencia de Jehová...»
Proverbios 18:22 *R. Valera*

En este tiempo, la palabra matrimonio ha estado devaluada dentro y fuera del contexto cristiano, dando como resultado, entre otras cosas, que las familias no tengan un sentido claro de propósito y destino. Esto se refleja en las cifras de divorcios, maltrato familiar y desviaciones del diseño de Dios en general.

Después de haber estado en varias reuniones, charlas, consejería y conferencias con el Pr. Nerio Morales, creo firmemente que este material te ayudará a entender la importancia del matrimonio y tu rol dentro del mismo, el diseño de Dios, las diferencias y, sobre todo, el ingrediente indispensable para que funcione.

Solo dile a Dios que te ayude a digerir esta aventura y toma las mejores decisiones, porque hay generaciones esperando que les mostremos que ´No hay matrimonios malos, sino matrimonios sin herramientas´

Yony y Yasmile Camejo

CONTENIDO

PREFACIO 9

He sido movido por el mismo Dios, en lo más profundo de mi corazón, a llevarles este material, el cual espero pueda ser útil como herramienta apropiada para ser aplicada en sus vidas y, de manera muy especial, en esos momentos difíciles que tiene toda relación de pareja.

Hoy, en este mismo instante, mientras lee las líneas de este libro, cientos y miles de matrimonios se están destruyendo, derrumbando y divorciando, porque no han encontrado una respuesta para sus vidas, no han sabido manejar su relación de pareja o no han sido conscientes de ver con diligencia la hermosa oportunidad que tienen por delante. Son tan peligrosas las circunstancias en las que han caído sus relaciones que han puesto en riesgo la estabilidad emocional de toda la familia. Sin estar conscientes de hacerlo, dejan un vacío muy grande en el corazón de sus hijos haciéndoles sentir tristeza, sentimiento de abandono, baja autoestima y dificultades en su comportamiento o desempeño escolar. De igual forma, hay hombres y mujeres que no logran superar la separación del cónyuge y quedan marcados por sus malas experiencias, el resto de sus vidas. Es difícil aceptar la ruptura sentimental con la pareja. Es una experiencia desagradable que muchos debemos enfrentar y solucionar o quedaremos destinados a formar parte de las impresionantes cifras de divorcio que van en aumento cada día, tanto en el ámbito nacional como el internacional. A continuación, les mostraré algunas cifras

10 presentadas por ciudadanos expertos en la materia o instituciones destinadas para tal efecto.

En Argentina, una de cada tres parejas se divorcia y el 60% de las rupturas es impulsada por las mujeres, según un estudio publicado por María V. Bertoldi de Fourcade, jueza del fuero de familia de la provincia de Córdoba.

En España, Bélgica y Hungría dos de cada tres matrimonios se divorcian. Según el presidente del Instituto de Política Familiar de España (IPF), Eduardo Hertfelder.

En Los Estados Unidos, cifras presentadas por Jeannette Lofas en su libro "Step Parenting" nos muestran la realidad del impacto que el divorcio está produciendo en la sociedad actual.

El 75% de las personas que se divorcian se vuelven a casar. Sin embargo, aproximadamente el 66% de las parejas de segunda unión, que tienen hijos del primer matrimonio, se separan.

El 50% de las mujeres y 30% de los hombres continúan siendo agresivos con su expareja después del divorcio. «Solo un 45% de los niños superan satisfactoriamente el divorcio de sus padres».

Un estudio realizado por la Universidad de Boston, reporta que el 75% de las mujeres profesionales que contrajeron

matrimonio con un hombre divorciado con hijos afirman: «si **11**
tuviera que tomar de nuevo la decisión, NO me casaría con un
hombre que tuviera hijos».

En Venezuela, según el Instituto Nacional de Estadísticas
(INE), hasta el año 2010, hubo un promedio de 6372 divorcios
de parejas que fueron felices hasta cumplir los cinco o nueve
años juntos. Pero, además, son los capitalinos quienes más se
divorcian durante ese lapso de tiempo; pues están en el primer lugar con 748 separaciones.

Al leer y analizar tan impresionantes cifras, siento un profundo pesar en mi corazón y una inmensa responsabilidad de
compartir con ustedes cada una de las experiencias obtenidas
en estos últimos treinta y tres años de mi vida junto a mi Dios
y al lado de una mujer extraordinaria, que me ha complementado y ha sido sabia y entendida para edificar su casa. Junto
a ella y a un maravilloso equipo de personas profesionales
y amigos, hemos aprendido esta verdad, en la cual estoy de
acuerdo con mi amigo Yony Camejo, que:

«No hay matrimonio malo, sino matrimonio sin herramientas»

Ahora bien, muchas personas se casan con la esperanza y el
sueño de ser felices, piensan que con el solo hecho de casarse,
se terminarían todos los problemas, cesarían la soledad, la es-
cases y la falta de cariño. Pero la realidad es otra: la felicidad,
el bienestar, la fortuna y la compañía no dependen de otra

12 persona, no dependen de encontrar al hombre o a la mujer de su vida, no dependen del padre o la madre ni de los suegros, no dependen de la casa o del carro que podamos tener, no dependen de los hijos, no dependen de los títulos profesionales que hayamos alcanzado, ni siquiera dependen de Dios, porque ya en esencia Dios anhela en su corazón que seamos felices. La verdad es que todo depende de cada uno. Es decir, la felicidad no depende de lo que pasa a nuestro alrededor, sino de lo que pasa dentro de nosotros, en nuestra mente, en nuestro corazón, de aquello que sin darnos cuenta, depositamos en él y permitimos que nos robe los sueños, de la falta de perdón, de las raíces de amargura que sin darnos cuenta vamos depositando a lo largo de nuestra vida.

Las escrituras nos enseñan: «Sobre toda cosa guardada, guarda tu corazón, porque de él, mana la vida» (**Proverbios 4:23**). Cuando la Biblia habla del corazón no se está refiriendo a ese músculo que está en el centro de nuestro pecho y que palpita sin cesar de día y de noche. Cuando la Biblia nos habla del corazón, nos está haciendo referencia al centro de la naturaleza humana, al asiento de las emociones, voluntad, sabiduría y entendimiento. Lo más profundo del ser, lo que nos mueve a pensar, a actuar, a tomar decisiones y a obrar (1 **Reyes 3:12**). El corazón al estar tan en el interior contiene el hombre interno, es decir, al hombre real (**1 Pedro 3:4**).

Por eso, al momento de tomar la segunda decisión más importante de la vida, después de reconocer a Dios como señor y salvador; la decisión de ¿con quién pasar el resto de la vida?, hay que prever cómo enfrentar la vida: solo con la propia experiencia, con la forma personal de pensar, con la forma aprendida de los padres o a la manera de Dios, un Dios que ha prometido ser guía, cuidador, guardador y dar fortaleza cuando ya no hay fuerzas. Al estar junto a él, la debilidad se fortalece, la ira se convierte en amor y las diferencias encuentran una válvula de escape, una salida para poder seguir adelante y fortalecer el matrimonio.

Oro a Dios, para que por medio de este libro y las respuestas encontradas en estas páginas, el amor de muchos pueda renovarse cada día. Que puedan encontrar ese amor que su corazón necesita, que anhelan con desesperación, con ansias para seguir viviendo, para seguir respirando, de la misma manera como los pulmones necesitan del oxígeno para respirar, para seguir latiendo. Así necesitamos el amor para seguir viviendo, para seguir luchando, para seguir triunfando.

Nerio José Morales

INTRODUCCIÓN 15

«He aquí, pongo en Sion la principal piedra del ángulo, escogida, preciosa; y el que creyere en él, no será avergonzado».

1 Pedro 2:6

Su cónyuge y su familia son una dadiva muy valiosa para usted. Son un regalo maravilloso que a Dios le plació poner en sus manos. Por tanto, demanda de usted todo su esfuerzo y cuidado para poder construirlo. **El deseo de Dios es que pueda ser entendido y tome la iniciativa de poner un buen fundamento para edificar su matrimonio.** Si su vida y su familia, tienen buenas bases o un buen fundamento, que sea tan fuerte como una piedra o una roca, podrán venir ríos, tempestades, terremotos y darán con ímpetu contra su casa, más no podrá caer, no podrá moverse; porque estará fundada sobre la roca. Y esa roca es simbolizada en la escritura, por la palabra de Dios, y personalizada al mismo tiempo por Jesucristo.

Cada vez que veo un rascacielos o un edificio muy alto, pienso en lo mucho que tuvieron que ahondar y trabajar en el proceso de diseño y construcción de semejante estructura. Imagino que para poder edificarla se necesitó creatividad, esfuerzo, paciencia y, sobre todo, persistencia por parte de quienes concibieron tan extraordinario proyecto. Si hacemos una analogía con la construcción de nuestros matrimonio, nos daremos cuenta de que necesitamos todas esas cualidades y muchas otras más; **pero lo que más demandamos es po-**

16   **der encontrar el mejor arquitecto, aquel que tenga la experiencia, la sabiduría y el poder para diseñar lo que queremos,** que tenga el terreno con las medidas y profundidad sobre la cual ha de construirse nuestro matrimonio, nuestra casa y nuestra familia.

Si el fundamento o cimiento no es firme, profundo y sólido, entonces toda la estructura se vendrá abajo y se destruirá. Esta es una realidad que quizás muchos no quieren asumir o enfrentar; pero a usted, que ha decidido leer este libro, lo considero alguien bien sensato e inteligente que invierte tiempo y dinero para construir y proteger a su familia. Por lo tanto, estoy plena y completamente convencido que al leer este libro, su perspectiva sobre su matrimonio cambiará.

Hoy en día, en muchos matrimonios, está ocurriendo un fenómeno increíble y es que, después de esa primera fase de enamoramiento o idilio de la luna de miel, algunas personas se sienten contrariadas porque creen que no tomaron la mejor decisión de sus vidas. Se dicen así mismas: «como que, me equivoque, como que no debí hacerlo, ¿quién me mandaría a mí a...?»; o como algunas de las frases señaladas en el texto Building Blocks to a Strong Marriage (Bloques de construcción para un matrimonio fuerte), las cuales he considerado reflejar en este libro:

1. «*Yo me salgo de esto*»: Esta no es la persona con quien pensé que me casaba. La vida es demasiado corta para todo este dolor. Ya no somos buenos el uno para el otro.

2. «*Lo hemos intentado todo*»: Parece que nada resulta. Él insiste en que todo sea como él quiere. Es inútil. Lo único que queda es separarnos.

3. «*Nuestro matrimonio necesita emoción*»: Estamos demasiado acostumbrados el uno al otro. Quizás si tuviera una aventura amorosa, volvería la chispa a nuestro matrimonio.

4. «*No vale la pena, hemos ido de consejero en consejero*»: No sé ni cuánto dinero hemos gastado. Incluso fuimos a ver un predicador. Alguien debe tener la fórmula adecuada para nuestro caso. Supongo que tendremos que seguir buscando.

5. «*Sé que al final nuestro matrimonio saldrá bien*»: Una vez que me tome unas cuantas Copas, puedo tolerar casi cualquier cosa. Esto me ayudará a aguantar hasta que las cosas mejoren.

6.«*Supongo que mi destino es una vida de infelicidad*»: No hay nada que pueda hacer por mi matrimonio. Quizás cuando los hijos se hayan ido de casa tendré el valor suficiente para irme yo también. Hasta entonces, fingiré que todo va bien". Divorcio... aventuras... consejeros... alcohol... drogas... resignación.

(Building Blocks to a Strong Marriage; (2009: 2-3)

(La traducción es mía)

Todas estas frases, y muchas otras más, se escuchan a diario en distintos hogares de la boca de hombres y mujeres que no han entendido la inmensa responsabilidad que tienen sobre sus hombros. Es un compromiso que se asume en el momento de decir: «sí, te acepto hasta que la muerte nos separe». No son solo palabras, es un pacto que hacemos delante

18 de Dios de luchar en medio de la enfermedad y la salud, en la abundancia y en la escasez, en las buenas y en las malas, en la riqueza y en la pobreza. Es un deber no desmayar, seguir adelante hasta haber agotado nuestras fuerzas y nuestra existencia; que cuando faltemos reconozcamos que hemos fallado y lo intentemos de nuevo, sin mirar el pasado donde nada podemos cambiar, sino enfocándonos en el presente y en el futuro tomados de la mano del mismo Dios. Una frase que he atesorado mucho en mi corazón y la he hecho parte de mi vida es la que dijo Albert Einstein:

«Si buscas resultados distintos, no hagas siempre lo mismo»

Sus decisiones determinaran su presente y su futuro. **Si no le gusta el presente que está viviendo, permita que su vida sea guiada y direccionada por Dios.** Si lo hace, le aseguro que su futuro, su vida, su casa, su familia y su matrimonio serán distintos. Podrá encontrar respuesta a todas sus preguntas, encontrará propósito y sentido a todo lo que pasa en su vida y en su mente.

Primera Parte

EDIFICAR

(Principios en el matrimonio)

20   «Si Dios no edifica la casa, de nada sirve
que se esfuercen los edificadores»
Salmos 127:1

1. COLOCANDO EL CIMIENTO

Según el diccionario de la real Academia española, la palabra edificar significa construir, fabricar, edificar una obra de arquitectura o ingeniería. En un sentido más amplio, se denomina construcción a todo aquello que exige, antes de hacerse, disponer de un proyecto y una planificación predeterminada. Me encanta mucho esta última definición, que vincula la construcción, en un sentido amplio, a todo aquello que exige antes de hacerse, como lo es disponer de un proyecto y una planificación predeterminada.

Lo primero que debemos tener en cuenta, antes de construir o edificar algo, es el proyecto y una planificación bien diseñada para llevarlo a cabo. Saber cómo será la construcción, la profundidad de sus bases, la altura, la resistencia de sus columnas, los tipos de materiales que se deben utilizar, los empleados o personas que estarán involucrados en el proyecto, tener a mano todos los planos necesarios para llevar a cabo la obra; es decir, los planos arquitectónicos, el plano estructural, el plano de instalación hidráulica y sanitaria, el plano de instalación eléctrica, el plano de instalación de gas. En fin, todos los planos necesarios para realizar la obra.

Obviamente, es necesario tener lo más importante y principal de todo proyecto: el mejor arquitecto que podamos conocer. Sin él la edificación será en superficial. Si tomamos en cuenta estos sencillos consejos, tendremos como resultado una excelente edificación que soportará no solo el trascurrir del tiempo, sino los embates del sistema climatológico, tales como: lluvias, vientos, desbordamientos de ríos, terremotos, entre otros.

Cuando tomé la decisión de escribir este libro, lo hice teniendo en mi corazón la más firme y clara convicción de mostrarles una verdad que me ha tocado vivir, como hijo, padre, profesional del derecho, empresario, pastor y, especialmente, como esposo de una mujer que se ha sido esposa, amiga, amante y madre de mis hijos. Su nombre es Oleida, a quien llamo cariñosamente Ole.

Una mujer que ha sido para mí lo que dice la Biblia: un complemento, una ayuda idónea, una mujer sabía que ha edificado bien su casa, una mujer que ha sabido asumir el rol de esposa, amiga, madre, nuera, entre otros. Más adelante les comentaré por qué tengo este concepto de ella.

2. CONSTRUYENDO LA CASA

Desde el momento que tomamos la decisión de construir un edificio, una tienda, una casa o algún proyecto de vida, y decidimos hacerlo basado en nuestra propia experiencia, intelecto o conocimiento, y no involucramos a Dios, comenzaremos a

22 tener muchos problemas y dificultades. Por tanto, es necesario entender que todo proyecto que iniciemos en nuestra vida, sea de índole económica, laboral, familiar o matrimonial, se nos hará cuesta arriba si no involucramos a Dios. **¿Por qué debemos involucrarlo? Porque él es el principio y el fin de todas las cosas, él es la piedra base donde sustentamos todo el soporte.**

Cuando hablo de involucrar a Dios, estoy hablando de que él mismo forme parte de cada decisión, de cada camino que tengamos que recorrer. Es decir, que no queden áreas de nuestra vida en las que él no esté involucrado. Él debe ser el fundamento sobre el cual construyamos nuestra vida, casa y familia.

El libro de **Proverbios 16:9**, señala que «El corazón del hombre traza su camino, pero es Dios quien dirige sus pasos». Este pasaje de la escritura habla con claridad y no deja espacio para improvisaciones. Usted puede iniciar cualquier proyecto y trazar cualquier estrategia para alcanzar una meta, ¡pero es Dios quien dirige sus pasos! Es decir, que no puede estar haciendo lo que quiera, sin tomar en cuenta al diseñador y los planos que él dejo.

Tomarlo en cuenta a él, involucrarlo, sentir que nos dirige debe ser nuestra premisa para construir cualquier proyecto de vida. Jesús, dijo: «Yo soy la vid, vosotros los pámpanos; el que permanece en mí, y yo en él, éste lleva mucho fruto; porque separados de mí nada podéis hacer» **Juan 15:5.**

Cuando el mismo diseñador dice: «... nada podéis hacer», **23** es porque «nada» podemos hacer realmente. Parece cuesta arriba contradecir lo que el propio Señor señala, él conoce nuestro presente y nuestro futuro y nada escapa a su gobierno y dominio en nuestras vidas.

A lo largo de estos últimos 34 años, he sido testigo de cómo familias han sido devastadas, arruinadas y destruidas por el solo hecho de que uno de los dos cónyuges no entendió ni valoró ni permitió ser ayudado por personas capacitadas y, por supuesto, mucho menos ser ayudado por Dios . Ahora bien, sabemos que el hombre fue creado a imagen y semejanza de Dios, y diseñado para llevar a cabo todo aquello en lo que piense, medite y pretenda alcanzar. Dios lo creó así, varón y hembra los creó; pero, al crearlos, se reservó un espacio en el corazón del hombre que no puede ser llenado o completado absolutamente con nada. **Un espacio diseñado y reservado solo para él, para tener comunión y poder deleitarse con usted y guiar su vida.** Él dice en el **Salmo 32:8**: «Te haré entender y te enseñaré el camino en que debes andar; sobre ti fijaré mis ojos».

Él seguirá insistiendo cada vez que le dé la oportunidad, le hará entender, le enseñará el camino por donde debe andar y nunca quitará su mirada de usted, su casa y su familia.

Conozco la necesidad de incluirlo a él en nuestras vidas, en nuestro matrimonio y en nuestra relación de pareja. En su

24 diseño, él ha establecido normas y estatutos que manifiestan su voluntad para nosotros.

Formo parte de un equipo de profesionales expertos en materia de matrimonio y relaciones de parejas, quienes hemos realizado conferencias, charlas, talleres y consejerías que han ayudado a miles de personas. Por tanto, puedo hablarle con propiedad, firmeza y, sobre todo, con la razón de haber vivido cada una de las situaciones y realidades plasmadas en este libro. Conozco de cerca la necesidad de incluir a Dios en nuestra vida matrimonial, así como la importancia aplicar los principios, normas y estatutos que manifiestan su voluntad.

Cuando menciono que somos expertos, no lo digo solo porque tengamos títulos universitarios, sino porque somos hombres y mujeres que hemos vivido de cerca la experiencia de mantener viva nuestra relación por espacio de veinte, treinta y cuarenta años.

Hoy pienso: «¡Tantas cosas que contar!, ¡cuántos momentos de dolor, tristeza y sufrimiento hemos vivido a lo largo de estos años!». No obstante, al poner en una balanza todos esos momentos, veo que la mayoría han sido de alegría, regocijo y satisfacción en Dios por haber peleado la buena batalla de la fe. Solo espero que cada una de estas palabras o testimonios sirvan de herramientas para su vida.

3. BLOQUE A BLOQUE

A lo largo de estos quince años, hemos formado un equipo sólido de amigos y hermanos en la fe y lo hemos denominado Matrimonios con promesa. Juntos iniciamos este proyecto de manera muy sencilla, en una reunión en la sala de mi casa, cuatro parejas con muchos problemas de convivencia. No podíamos comprender por qué éramos tan diferentes, por qué nos gritábamos si estábamos tan cerca, por qué nos irrespetábamos si nos amábamos tanto; en fin, allí comenzó todo. Nos reuníamos cada vez que podíamos con la excusa de compartir y pasar un momento diferente con nuestra pareja. Fue en aquel lugar, en un pequeño espacio de la casa, que comenzamos a comprender lo mucho que estábamos equivocados.

Hemos añadido valor, respeto, amor y consideración a nuestra relación de pareja. Actualmente, podemos decir que damos de gracia lo que por gracia hemos recibido, ya que hemos utilizado principios basados en la palabra de Dios la Biblia. Principios que son irrevocables, ineludibles e innegociables; es decir, que no los podemos alterar ni negociar bajo ninguna circunstancia.

Estos principios constituyen los pilares fundamentales, las columnas que sostienen este ministerio en nuestras vidas y cuyo cimiento o sustento lo representa Dios. Es decir, **él es la roca fuerte, la base, la plataforma, el piso sobre el cual basamos todo lo que hacemos.** Ellos (los principios) son las columnas, el soporte, el fundamento para mos-

26 trar la fuerza y el poder que tiene la palabra de Dios como herramienta para los matrimonios y para nuestras vidas. Han sido principios vividos, ejercitados por cada uno de nosotros y, al mismo tiempo, enseñados a otros de manera sencilla, espontánea y muy natural.

De la misma forma, estos han llenado las necesidades y expectativa de muchos de nosotros, así como de matrimonios y familias que esperan mucho más de Dios. Son matrimonios y parejas arriesgadas, comprometidas y decididas a luchar por lo que quieren, que no se conforman con vivir continuamente en contiendas, pleitos y disensiones; que no se acostumbran a la idea de terminar con una relación, caerse y destruirse. Matrimonios negados a vivir en una condición de insatisfacción en la que nada los motiva. Tal vez, sienten que ya no hay nada más por hacer y que lo han intentado todo. A pesar de esto, aún se niegan a la posibilidad de ver criarse a sus hijos sin padre o sin madre, a ver su familia separada.

Este libro está dedicado a estos hombres y mujeres que han llegado a nuestras conferencias, consejerías y han dicho: «¡Esta es la última oportunidad que nos damos!, ¡no la aguanto o no lo aguanto más!, ¡te lo(a) llevas Dios o te lo (a) envío, pero no la(o) quiero más!». Estos valientes que han decidido cambiar y darse la oportunidad de tener un matrimonio conforme al diseño de Dios después de haber escuchado los consejos y herramientas que les enseñamos de parte de nuestro Dios. Son parejas que se han dado una nueva oportunidad para entender que son diferentes, que actúan y piensan diferentes.

A estos que declararon, con angustia y desesperación, que lo han intentado todo, pero que su relación no tiene salida y no hay vuelta atrás en su relación; como a los que hoy pueden expresar, con alegría con regocijo, que hay un Dios vivo que está muy interesado en su familia, en sus hijos, en su relación y piensan de continuo en el bienestar de su matrimonio, Dios les dice: «Ahora inténtenlo de nuevo, pero conmigo. No desmayen. No miren hacia atrás donde solo quedan el dolor y la tristeza. El pasado ya fue, pasó, no pueden hacer nada para cambiarlo; pero lo que sí pueden hacer juntos es cambiar su presente y su futuro. Recuerden que yo soy su Dios, el que los esfuerza, los ayuda y siempre los sustentará con la diestra de mi justicia» (**Isaías 41:10**).

Ahora bien, como lo dije anteriormente, lo triste es que en este mismo momento en el que lee estas líneas, muchos matrimonios y parejas se están separando, están dejando a un lado los sueños, las metas y los momentos maravillosos que han vivido juntos. Esto lo hacen porque no tienen el conocimiento real y verdadero de lo que significa la palabra «matrimonio»; así como tampoco conocen los límites, reglas o normas que enseñan las escrituras. Toman la decisión de separarse a la ligera, sin considerar las graves consecuencias que derivan de tal decisión, tales como dolor, tristeza, desesperación, angustia en padres, hijos y aun a ellos mismos. Las palabras divorcio o separación se cruzan por sus mentes repitiéndose una y otra vez, a pesar de que no es lo que desean sus corazones en realidad.

28　　En muchos de estos casos, uno de los cónyuges se apresura sin escuchar opinión de su pareja y no es capaz de reflexionar o preguntarse «¿En qué estamos fallando?»; sino que enfila sus armas hacia la otra persona atacándola con palabras bien seleccionadas y dirigidas a hacerle daño. Trata de pegar siempre en el lugar que más duele sin siquiera saber por qué lo hace. Su interés momentáneo es no fallar en golpear con palabras hirientes y dañinas la herida del otro que aún está abierta y no ha sanado. **Lo hace sin saber que hay una necesidad profunda que no ha sido suplida, no puede ver sus propios errores.** En medio del caos emocional, toma las decisiones más trascendentales de su vida y dice expresiones como: «Mejor me voy de la casa», «esto no tiene solución, nunca vas a cambiar», «eres un(a) bueno(a) para nada», «ya contigo no se puede», «maldigo el día en que te conocí»; las cuales no se piensan ni se sienten, solo se vomitan con dolor y rabia, se lanzan como flechas que atraviesan lo más profundo de un frágil corazón.

Recuerdo que Edgar, uno de los miembros del equipo, expresó en una oportunidad que cuando uno de los cónyuges está muy harto (bravo, enojado) el cerebro se le paraliza por un momento y es la lengua la que toma lugar, sin control, sin nadie que le dirija. Queda de su cuenta diciendo cuanta cosa se le ocurra para herir y dañar al ser que ama.

Así pues, estas palabras no salen del corazón, sino de una lengua que ha perdido el control y es como un tren descarrilado que se va cuesta abajo, llevándose todo lo que consigue a su paso. No importa si están los hijos presentes o si junto a ellos está algún familiar, lo único que les importa es desahogarse y golpear con palabras hirientes donde más duela. La Biblia dice en **Proverbios 18:21** que «La muerte y la vida están en poder de la lengua, y el que la aman comerá sus fruto».

Por tanto, debemos ser entendidos y no ligeros en nuestra manera de actuar y de hablar. **Debe entender que en la medida en que pretenda herir a su pareja, se herirá usted mismo.** Recuerde que las palabras son como un bumerán: salen de su boca, golpean a quien tenga que golpear y se devuelven dejando un daño profundo en tanto en su corazón como en el de la persona a quien le fueron enviadas.

Lo cierto es que después de una pequeña o larga discusión, lo primero que pasa por la mente es abandonar el barco, sin importar si se es el capitán responsable de nave, un almirante, un marinero, un tripulante más o el dueño. Ni siquiera importa si la nave se encuentra el medio del océano o de un mar turbulento; lo apremiante es saltar y dejar el barco a la deriva sin pensar en lo que ocurra, si choca o naufraga. Hay que saltar y salir lo antes posible de esa situación insoportable. Nos sentimos cansados y no queremos continuar con esta relación.

-Con frecuencia ocurre que para alguno de los cónyuges la relación es insalvable, pero para el otro es totalmente viable. Uno de los dos ha pensado, meditado y concebido en su corazón la posibilidad de dejar todo a un lado, y lanzarse por la borda del barco. Incluso, ha llegado a concluir tenían razón muchos de sus familiares o amigos, quienes ya le habían advertido de que tal situación terminaría así. Mientras que el otro, viviendo un desconcierto, no puede creer lo que está sucediendo y se siente sin fuerzas, sin ganas de seguir luchando. Aun así, quiere sacar a flote la relación.

Son dos visiones de una misma situación, un miembro que siente que está completamente insatisfecho y asume los riesgos de una separación, con la esperanza de vivir mejor; y el otro, aunque a veces con rabia e impotencia, trata de salvar la relación y está dispuesto a intentar lo que sea.

Algunas parejas se comportan de una manera muy práctica y ligera al tomar decisiones. Una vez que deciden abandonar el barco, no siente el más mínimo dolor por los que quedan a la deriva ni toman en cuenta la desesperación y el dolor que les causan al tomar tal decisión. No se cuestionan, por ejemplo, ¿qué va a pasar con cada uno de ellos como persona?, ¿qué va a pasar con sus sueños?, ¿qué va a ocurrir con los hijos, que son el producto de la entrega del amor que un día se declararon?, ¿se acostumbrarán a no tener juntos a papá y a mamá?, ¿aceptarán una nueva pareja, un nuevo papá o una nueva mamá?, ¿cómo serán sus vidas a partir de ese momento?, ¿cómo será el trato de ese nuevo padre o madre con sus hijos?, ¿qué pasará con la casa, con el carro y con todo lo que hemos logrado obtener juntos?

Nadie sabe lo que va a ocurrir, pues cada matrimonio es particular y muy diferente el uno del otro. No obstante, lo que sí puedo presumir es que el futuro que se aproxima para esta familia estará lleno de tristezas, angustias, dolor, soledad, resentimientos y de una serie de sin sabores que no podrán comprender; y no lo harán porque que no conocen el diseño de Dios para sus vidas.

Evidentemente, surgen muchas interrogantes para las cuales no tenemos respuestas. Preguntas como, por ejemplo: ¿por qué actuamos así?, ¿por qué nos maltratamos, física o verbalmente?, ¿por qué no nos entendemos?, ¿por qué no nos escuchamos?, ¿por qué no hacemos lo que uno de los dos quiere?, ¿por qué no nos valoramos el uno al otro?, ¿por qué no nos damos el lugar que nos merecemos como esposos?, ¿por qué nos celamos de esa manera?, ¿por qué nos decimos tantas mentiras?, ¿por qué ya no creemos el uno en el otro? Estas y muchas otras interrogantes nos desarman y nos producen la incertidumbre de no saber lo que va a pasar con la familia, con el hogar o con el matrimonio.

La Biblia dice en **Oseas 4:6** que el pueblo perece por falta de conocimiento, así pues, «El desconocer el diseño de Dios, sus normas, o estatutos, les lleva a desconocer su propósito, y a estar viviendo continuamente en un mar turbulento y tormentoso, en un mar lleno de incertidumbres y de inseguridades, solo en Dios, en su diseño, está la garantía de hacer de su travesía por este mar, lo menos doloroso posible.

Muchas de las situaciones adversas vividas dentro del matrimonio son producto del desconocimiento de la palabra de

32 Dios, de no saber cómo funcionan como pareja y de no conocer sus roles y necesidades. **Conocer el diseño de Dios para nuestro matrimonio, nos hará entender ¿por qué actuamos así?, ¿por qué pensamos así?, ¿por qué nos comportamos así?**, ¿por qué a veces sentimos que no nos soportamos?

El estar consciente de esta realidad, me ha motivado a llevarle este conocimiento, estas herramientas que estoy seguro le ayudaran a entender el porqué de los conflictos en la pareja. Al hacerlo, solo estoy cumpliendo con el mandato que Dios me dio en **Mateo 10:18** de dar por gracia lo que por gracia he recibido. A mi esposa y a mí, Dios nos dio la oportunidad de conocerlo, de involucrarlo en nuestra relación de pareja y de ponerle punto final a nuestros problemas y diferencias.

Muchos hombres y mujeres piensan que se equivocaron al escoger a su pareja, que su matrimonio está tan grave que no han salido bien de una situación cuando caen en otra. Estas parejas sienten que si esperan un día más, caerán juntos a un abismo del cual, quizás, no podrán nunca salir. Cuando una relación de pareja llega a este estado de deterioro, es el momento justo y exacto para que Dios muestre su gloria.

Anteriormente cite que «no hay matrimonios malos, sino matrimonios sin herramientas».

No se trata de determinar si su matrimonio es malo o bueno, sino de que usted y su pareja puedan examinar sus vidas y su relación matrimonial a la luz de las escrituras. Se trata de que pasen por el escáner de la palabra de Dios para ver dónde están fallando.

Se trata de revisar las herramientas que usted está usando para resolver las dificultades que se presentan en su matrimonio, es posible que las conozca y no las esté usando en el momento o de la manera adecuada.

Miremos este ejemplo

Imagínese por un momento que usted quiera quitar la llanta o caucho de su vehículo con un destornillador o con una cucharilla, no va a poder sacarla; por mucho que lo intente, no podrá porque necesita de la herramienta apropiada para hacerlo. Lo mismo ocurre con su matrimonio o relación de pareja. Si se presentara una infidelidad, un engaño, si su pareja no lo atiende, no se preocupa por usted o usted siente que hay falta de amor, o que no es bien correspondido en sus sentimientos, puedo preguntarle ¿cómo lo enfrentaría?, ¿qué herramientas utilizaría?, ¿a quién acudiría?, ¿acudiría a su lógica o a lo que le dice su mente?, ¿acudiría a lo que vio hacer a sus padres o a lo que le dice la vecina o el compadre? Es probable que acuda a su vecina por estar cerca de usted. Pero resulta que ella (la vecina) ya ha tenido su segundo o tercer divorcio. ¿Qué cree que le diría?, ¿qué consejo cree usted que pueda darle? Lo más probable es que le recomiende lo mismo que ha

34 utilizado ella; le hablará de su propia experiencia, de cómo se separó de su primer, segundo o tercer marido.

Tal vez, le recomendará que abandone a su cónyuge y que se busque otro, a lo mejor le dirá que no vale la pena intentarlo de nuevo porque «al fin y al cabo, no hay mal que por bien no venga»; o le repetirá la famosa frase de «un clavo saca otro clavo». Como puede darse cuenta, probablemente usted podría estar utilizando un destornillador, una cucharilla o alguna otra herramienta inapropiada para tratar de resolver su problema.

Usted no va a poder arreglar su situación porque no está utilizando la herramienta adecuada. Existe una herramienta para cada situación de conflicto dentro y fuera del matrimonio. **Se trata, entonces, de que conozca las herramientas bíblicas diseñadas por el arquitecto para cada situación que se presente.**

Comencemos entonces por conocer ¿quién diseño el matrimonio?, ¿cuál es su propósito? y ¿cuáles son los principios que rigen el matrimonio?

4. EN BUSCA DEL MEJOR ARQUITECTO   35

Recuerdo que, en mis tiempos de estudiante universitario, cuando comenzábamos una cátedra o asignatura en cualquier área del conocimiento, lo primero que nos enseñaban era la necesidad de conocer el origen del tema a iniciar. Nos animaban a buscar la raíz, el principio donde comenzaba todo; nos decían que debíamos investigar todas las fuentes posibles y tomar en cuenta siempre, la más antigua y la que tuviera mayor credibilidad histórica. Era así como podíamos saber, a ciencia cierta, el valor real de lo que aprenderíamos. Ahora bien, esta misma metodología aplicada en la universidad, la he aplicado a los matrimonios.

Si queremos conocer aspectos como ¿dónde nace el matrimonio?, ¿cómo funciona?, y ¿cuál es su alcance en esta sociedad?, debemos ir a la fuente más antigua de inspiración y conocimiento, la Biblia. Indaguemos un poco sobre ella. Se cree que este nombre de Biblia nació como diminutivo del nombre de la ciudad de Biblos (••••••, Býblos). En el tercer milenio a.C. Biblos, contaba con la flota más poderosa de todo el Mediterráneo gracias a su privilegiada relación con Egipto, de donde importaba el preciado papiro de la antigüedad, el cual era muy comercializado en esa época. Con respecto a los papiros, estos fueron numerosamente empleados para la fabricación de diversos objetos de uso cotidiano, siendo su principal utilización la elaboración del «papiro», algo así como el moderno papel que utilizamos hoy en día. Entonces la Biblia viene hacer una recopilación de textos o papiros, que en un principio eran do-

36 cumentos separados (llamados «libros»), escritos primero en hebreo, arameo y griego, durante un periodo muy extendido y después reunidos para formar el Tanaj (Antiguo Testamento para los cristianos) y luego el Nuevo Testamento. Ambos testamentos forman la Biblia cristiana hoy en día.

En sí, los textos que componen la Biblia fueron escritos a lo largo de aproximadamente 1.000 años (entre el 900 a. C. y el 100 d. C.). La Biblia es para los creyentes la palabra de Dios por ser indudable para su lectura la inspiración divina. Es un libro eminentemente espiritual y habla sobre la historia de la humanidad, su creación, su caída en el pecado y su salvación. En ella, se expone cómo el Dios creador se ha relacionado, se relaciona y se relacionará con el ser humano. De igual forma, la Biblia expone los atributos y el carácter de Dios.

Ahora bien, una vez aclarado el valor histórico y verdadero que tienen las escrituras como fuente de conocimiento y sabiduría, nos preguntamos ¿de quién fue la idea del matrimonio?, ¿porque lo hizo y para qué?, ¿cómo funciona? Podemos señalar, sin duda alguna, que en el principio, cuando Dios creó los cielos y la tierra, mostró la grandeza de su corazón, su conocimiento y su sabiduría en todo aquello sobre lo cual declaró su existencia. Él tenía en su poder los «planos de toda la creación» para poder crear los cielos, las estrellas, la tierra y todo lo que vemos y palpamos; pero también, dentro de esos planos, tenía «los planos para diseñar el matrimonio». **Diseñar al hombre y a la mujer fue la cumbre de su**

ingenio; es lo más sobresaliente, elevado, perfecto, bueno y hermoso que pudo haber hecho.   37

Según el libro de **Génesis 2:18**, después de que Dios creó los cielos y la tierra, creó al hombre y Dijo: «No es bueno que el hombre este solo, le haré ayuda idónea para él»; entonces hizo Dios dormir en sueño profundo para tomar de este, una de sus costillas. Dios lo hizo para hacerle sentir y recordar que están unidos en alma, espíritu y cuerpo; que ella y él son uno, que se pertenecen mutuamente, que están unidos en un solo ser y que no habrá nada que pueda separarlos. Esto es lo que ocurre cuando un matrimonio se mantiene apegado a sus principios y estatutos. También lo hizo para recordarle que la mujer fue sacada de su misma carne y de sus mismos huesos. Así que cerrando luego la carne en su lugar, le hizo una compañera, una mujer que debía estar siempre a su lado; que fuera sabia, entendida, virtuosa y que no estuviera nunca lejos de él, sino que permanecieran juntos.

De manera que el Señor formó a la mujer de la propia carne de Adán y se la presentó para que también le colocara nombre. Supongo que Adán al verla diría: «¡Wow!, esto es ahora huesos de mis huesos y carne de mi carne, la cual será llamada varona, porque del varón fue tomada». La expresión «¡Wow!», es la manera como veo que actuó Adán. Imaginemos, por un momento, a Adán solo y con el trabajo agotador de tener que colocarle nombre a todos los animales; pasa el burrito con su burrita y le pone nombre, pasa el conejo con su conejita y le pone nombre, pasa el monito con su monita y le

38 pone nombre, tal como dice la biblia en **Génesis 2:20**: «Y el hombre puso nombre a todo ganado y a las aves del cielo y a toda bestia del campo, más para Adán no se encontró una ayuda que fuera idónea para él».

¡Qué bárbaro! Así que cuando Dios lo hizo entrar en sueño, sacó a la mujer de su costilla y se la presentó, en ese momento el exclamó con alegría y asombro: «¡Wow! Dios, tú eres lo máximo, te botaste, me hiciste de todas las bestias, la más hermosa y maravillosa del Edén» ¡je je je...! (recuerden que esto es parte de mi imaginación). Ahora bien, lo que sí es cierto y de lo que estoy seguro es que Dios alegró mucho el corazón de Adán con esta decisión; y cuando él dijo: «Ahora esto es hueso de mis huesos y carne de mi carne» (**Génesis 2:23**), quiso decir «me perteneces, y yo te pertenezco». **Eso fue lo que Dios estableció desde el principio, les dio un sentido de pertenencia, de unidad indisoluble.** Dios cuando ve a un matrimonio, no está viendo a dos personas, él ve a una sola persona, a una sola carne. ¿Qué significa entonces ser una sola carne en el matrimonio? Significa que así como nuestros cuerpos son un todo y no pueden ser divididos en pedazos, así mismo lo es con la relación matrimonial. Ya no son más dos individuos o dos criaturas, sino que al unirse en matrimonio, son un solo cuerpo. Esto será ampliado más adelante.

Dios nos muestra, nos revela una mente maestra, con una sabiduría especial en todo aquello sobre lo cual declaró la existencia. Entre los «planos» de la creación, el diseño para formar al hombre y a la mujer fue la obra cumbre de su ingenio; lo más sobresaliente, lo más perfecto que pudo hacer. **Por esa razón creo que Dios no patrocina matrimonios fracasados, hogares infelices, ni hijos vacíos y sin propósitos**.

Él no creó a la primera pareja para que fracasara, él es un Dios de éxitos y, como hijos de Dios, debemos ser exitosos; estoy seguro de que él no espera menos de cada uno de nosotros. Ahora bien, es necesario que se cuestione si su matrimonio es realmente mi matrimonio, si puede decir que su matrimonio está bien, si considera que su matrimonio es feliz. Si su respuesta es sí, entonces nos alegramos de que forme parte de los que han entendido el diseño de Dios en su matrimonio. Pero si su respuesta es un «no» cargado de dolor, impotencia o desilusión, entonces creo que necesita leer lo que voy a escribir en las próximas líneas.

5. COMO LA ARENA Y EL CEMENTO

La buena noticia es que podamos entender que, a pesar de las diferencias que podamos tener, Dios nos ha hecho para que seamos complemento el uno del otro. En **Génesis 2**, encontramos la historia de la primera familia. Cuando uno lee esta historia lo primero que descubre es que esa pareja tuvo todos los elementos para lograr un matrimonio feliz, un matrimonio que alcanzaría los mayores éxitos; ¿por qué digo esto?, porque ellos fueron totalmente diferentes a nosotros. ¿En qué forma fueron diferentes?, por ejemplo, ellos no tu-

40 vieron celos. Adán no podía comparar la comida de Eva con la de su mamá o con la comida de su tía, la de su hermana o la de su amiga.

De igual manera, como no tenían suegros, no se preocupaban por dónde pasarían la navidad y el año nuevo. Al no tener los suegros, estos no podían meterse en su relación, dañándola o afectándola. Por otro lado, Eva tampoco pudo echarle en cara a Adán que tenía otra, que venía de la calle con olor a perfume de mujer, o que había llegado tarde porque, quizás, dónde estaba; es decir, no pudo tener celos de ninguna índole. Eva podía estar completamente segura de que Adán no le iba a ser infiel con otra y, por su parte, Adán no tenía razón alguna para desconfiar de ella.

De modo que si alguna vez Eva le preguntó a Adán si realmente la amaba, me imagino que la respuesta de Adán sería algo así como: «Claro mi amor, te amo mucho, mucho, no tengo ojos para otra mujer, tengo tanto amor para ti que no puedo compartirlo con nadie más» ¡je je je! No tengo dudas de que Adán estaría diciendo la verdad. Tenemos, pues, en aquel primer matrimonio, en aquella primera relación de pareja, una relación única sin antecedentes y sin ningún tipo de inconvenientes. Todo era perfecto.

¿Por qué era perfecto? **Primero, porque andaban juntos, desnudos y no se avergonzaba. Esto quiere decir que eran transparentes el uno con el otro**. Tenían una mezcla de compromiso y de honestidad. Cada uno valoraba al otro como así mismo. No se maltrataban con palabras ofensivas y, aunque a veces no supieran que hacer, eran sinceros cuando decían que se amaban, no mentían ni escondían verdades, eran honestos. Ninguno decía que algo era suyo, sino de ambos. Eran fieles y se dedicaban tiempo como pareja. No se ofendían ni de palabras ni de acciones. No se tenían envidia porque uno hubiese avanzado más que el otro profesionalmente; tampoco se jactaban de lo que tenían ni títulos ni dinero ni conocimiento y conocían profundamente la palabra amor como lo estableció el arquitecto en **1 Corintios 13:4-8** al decir que «El amor es sufrido, es benigno; el amor no tiene envidia, el amor no es jactancioso, no se envanece; no hace nada indebido, no busca lo suyo, no se irrita, no guarda rencor; no se goza de la injusticia, más se goza de la verdad. Todo lo sufre, todo lo cree, todo lo espera, todo lo soporta. El amor nunca deja de ser». Es decir, que como pareja estaban claros en lo que debían hacer.

Segundo, cumplían con los estatutos establecidos por Dios, pues eran direccionados por el mismo creador y cada vez que debían tomar una decisión que pudiera poner en riesgo su relación, la consultaban con el diseñador. Cuando que decidieron tomar su propia decisión sin consultar con el diseñador, ya sabe usted lo que sucedió y cuál fue el resultado. Tomaron el fruto del árbol del conocimiento de la ciencia del bien y del mal que puso Dios en medio del huerto y del cual les dijo que no debían comer, y comieron. Se hicieron participes de la naturaleza de Satanás y pasaron a estar auto-

42 máticamente bajo su control y gobierno. Sus sentidos, deseos, emociones y actos obedecían a este nuevo amo.

Dios puso el árbol de la ciencia del bien y del mal en el jardín del Edén, el árbol de la vida y muchos otros. De todos podían comer. Había un plan conocido. Pero Adán y Eva tenían una oportunidad de elegir obedecerlo o desobedecerlo, eran libres de hacer lo que ellos quisieran. También había un mandato previo cuyas bases eran el amor y protección de su creación; este era no comer del árbol de la ciencia del bien y del mal. «Y mandó Jehová Dios al hombre, diciendo: De todo árbol del huerto podrás comer; más del árbol de ciencia del bien y del mal no comerás; porque el día que de él comieres, ciertamente morirás» (**Génesis 2:17**).

Si Dios no les hubiera dado a Adán y a Eva la oportunidad de elegir, ellos hubieran sido esencialmente robots, simplemente haciendo lo que se les programó para hacer. Sin embargo, Dios los creó como seres libres capaces de tomar decisiones, capaces de elegir entre el bien y el mal. Para que ellos tuvieran realmente está libertad, debían hacer una elección.

Al igual que ellos, usted puede tomar la decisión de hacer las cosas a su manera o a la manera de Dios. **Puede continuar con su vida estableciendo sus propias reglas o regirse por el diseño y los planos establecidos por Dios.** La decisión es suya.

Hay muchas personas que dedican más tiempo de su vida a estudiar una carrera que a prepararse para el matrimonio. Usted, hoy, tiene la posibilidad cierta de decidir que quiere hacer; solo usted tiene la potestad de tomar semejante decisión: si lo hace a la manera de Dios o a su manera.

Adán y Eva vivían como una pareja perfecta, eran el uno para el otro, lo tenían todo, se amaban y se respetaban. Adán sabía tratar a Eva como vaso frágil y ella sabía corresponderle de la misma manera. No debían tomar en cuenta lo que decía la gente, la suegra o el suegro, la cuñada o el cuñado, el compadre o la comadre, solo valía la opinión de ellos dos y la de su creador. Este modelo es el modelo perfecto, lo llamaremos «el triángulo perfecto del amor»; la unidad y la comprensión que necesita todo matrimonio para alcanzar el éxito en una sociedad tan decadente como la nuestra.

Ahora bien, Dios creó a Adán y a Eva para mostrar su obra maestra y colocó en ellos su soplo, su esencia y su vida, para que fueran el reflejo de él en cualquier lugar o circunstancias que vivieran. El mundo y todo lo que había en él fue hecho para ellos, para que pudieran complacerse mutuamente, procrearan y llenaran la tierra del fruto de su amor. Para que pudieran entender que son uno en Dios y no dos, así como la necesidad de velar el uno por el otro. Para que pudieran distinguir entre lo prioritario y lo superfluo dentro de la relación de pareja.

Cuando hablo acá jocosamente sobre la no existencia de suegros, amigos o compadres, lo hago con la intención de que

44 usted pueda ver con claridad que bajo el Diseño Divino, usted y su pareja son los únicos que tienen que tomar las decisiones de su relación; son los únicos que deben decidir qué camino recorrer con la ayuda de Dios. Usted debe entender que, **desde el primer momento en que tomó la decisión de unirse a un hombre o una mujer, sus prioridades cambiaron**; sus expectativas de la vida ya no dependen de mamá o de papá para seguir adelante, ahora es su esposo(a) con quien debe consultar qué camino quiere recorrer.

Así, por ejemplo, cuando usted estaba soltero(a), su prioridad eran sus padres, y eran ellos quienes le dirigían en cada decisión que debían tomar; esto es así porque estamos bajo su techo, su tutela y su cuidado. Además, es deber de todo hijo obedecer a sus padres. No obstante, una vez que usted se une en matrimonio, cambia su prioridad. Ahora, su prioridad es su pareja y es a ella a quien usted debe consultar su decisión. Usted tiene que velar por el bienestar de su cónyuge, cuidarlo, protegerlo, amarlo, respetarlo y, sobre todo, considerarlo siempre al momento de tomar cualquier decisión. El desconocimiento de esta herramienta y no ponerla en práctica, ha traído dolor, angustia, ansiedad y sufrimiento a muchos corazones en este tiempo.

Sé perfectamente de lo que le hablo, pues yo mismo, en mi relación de pareja lo experimenté; es una situación muy difícil de entender, el mismo Dios tiene que revelársela. Nací en un hogar sin padre y, desde muy pequeño, asumí junto a mi madre la dirección de nuestro hogar, de manera que todas las decisiones que tuve que tomar como joven, estuvieron sustentadas por y consultadas con mi madre, siempre fue así.

Una vez casado y unido a una gran mujer, pretendí actuar de la misma manera. Cuando llegaba el momento de tomar alguna decisión importante en mi nueva vida de casado, primero me asesoraba con mi madre y después, si lo creía conveniente, consultaba con mi esposa. Por supuesto, esta actitud trajo mucho malestar a mi relación de pareja durante muchos años; no entendía, o no quería entender, que mis prioridades para consultar mis decisiones habían cambiado. No había internalizado que mi esposa se había convertido en mi prioridad después de Dios; que debía ser entendido y cuidar ese amor que yo mismo elegí, pues nadie me la impuso, y era yo quien debía cuidar ese amor que recién comenzaba, porque aún era muy frágil. Si hay algo que me gustaría que aprendiera de estos momentos difíciles que me tocó vivir al lado de mi esposa, es que usted tiene que proteger su matrimonio por encima de cualquier circunstancia; usted debe levantar un muro, una pared o una muralla alrededor de su esposa y de su familia. Incluso, voy a ir un poco más allá, usted debe ser un hombre o una mujer conocedor(a) del Diseño de Dios y tener claro que por encima del amor que le tiene a sus padres e hijos, debe estar el amor que le tiene a su pareja.

Estoy completamente seguro de que si usted, constantemente, fortalece su relación de pareja con muestras de cariño; la llena de afectos, halagos, comprensión y, sobre todo, de amor y respeto al colocar en orden las prioridades en su vida,

46 esto alegrará el corazón de Dios y, definitivamente, fortalecerá el modelo de pareja para sus hijos. **Cuando los hijos viven en un hogar donde ven a papá y a mamá amarse y respetarse, ellos se fortalecen y se sienten más seguros**.

Si analizamos esta breve descripción, nos daremos cuenta que Dios estableció el auténtico diseño que debe ser aplicado al matrimonio: él diseñó el matrimonio para satisfacer las necesidades emocionales, psíquicas, físicas y espirituales entre un hombre y una mujer. Por lo tanto, el matrimonio es la primera institución que Dios creó allá en el jardín del Edén. Si nosotros, como pareja, revisáramos con frecuencia este diseño, descubriríamos el corazón de Dios y la verdadera razón que tuvo para crear el matrimonio.

Descubriríamos el motivo, la razón, sus debilidades y sus fortalezas. Entenderíamos, incluso, por qué erramos y nos equivocamos tanto. Nos daríamos cuenta de que no es con nuestras fuerzas ni con buenas intenciones, sino con su diseño como lograremos un buen matrimonio y una buena relación de pareja.

6. ¿PUEDO HACERLO SOLO?   47

Un Hombre solo en medio de toda la creación con animales, plantas, mares, entre otras cosas, necesitaba una compañía que pudiera disfrutar; que pudiera servir de compañera, de ayuda idónea, de amiga, de complemento. **Es por esa razón, que Dios la sacó de su propio cuerpo y no del barro, para que la cuidase como así mismo**.

Al ver esta obra magistral del creador, es propicio preguntarse si puede haber una mejor compañía que la de Dios. Creo que desde la perspectiva de Dios, sí, porque fue él mismo quien dijo en **Génesis 2:18**: «No es bueno que el hombre esté solo...». Dios tuvo la más extraordinaria de las ideas: crear una maravillosa mujer para Adán.

Dios usó toda la capacidad e imaginación que le había otorgado a Adán para que él mismo colocara nombre a todos los animales. Pero dice la Biblia: «... más para Adán no se halló ayuda idónea» (**Génesis 2:20**). Yo me imagino a Adán viendo cómo cada pareja de animales se iban juntos según su especie, el burrito con su burrita, el mono con su monita, el pato con su patica, el perro con su perrita, y así sucesivamente. Así que, después que Adán hizo el trabajo que le había encomendado, Dios le proveyó una «ayuda idónea». ¿Saben cuándo vino esta ayuda?, después de que Dios creó en él el deseo de compartir, de amar, de sentir, de poder hablar y comunicar sus sentimientos. Un deseo y anhelo que no fue creado por hombre alguno, sino por el mismo Dios.

48

Ahora bien, imagínese qué pasó cuando Eva fue creada. La sorpresa para Adán tuvo que ser mayúscula. Recuerde que lo único que Adán veía era jirafas, leones, gatos, caballos, avestruces, entre otros; pero ahora ve a una criatura que despertó una sensación jamás antes sentida, que llenaba todas sus expectativas como pareja. Los estudiosos del hebreo dicen que cuando él vio a Eva, y dijo: «Esto es ahora huesos de mis huesos, y carne de mi carne...»; fue una exclamación llena de asombro, de regocijo y de alegría, pues ya no iba a estar más nunca solo, ahora tendría a alguien con quien compartir todo lo que Dios le había dado.

Esta sensación debe ser la misma cuando uno encuentra a la mujer de su vida, la que será la madre de sus hijos. Uno llega a decir esta expresión: «Heee, está como la voluntad de Dios en mi vida, "buena, agradable y perfecta" je je je». O en el caso de la mujer, ella dice: «¡Wow! este es el tipo, mi príncipe azul, tal como lo soñé, será mi futuro esposo y el padre de mis cinco o más hijos, je je je». De modo que actuamos con alegría y con regocijo. Yo no he visto nunca, a lo largo de mis años, a alguien que haya encontrado a la mujer o al hombre de su vida y, en ese instante, haya renegando por haberlo (a) encontrado.

Así funciona la voluntad de Dios en nosotros, esa pareja que tiene a su lado, Dios la ha reservado para usted. No tiene que andar por la calle como un ventilador de mesa dañado, girando su cabeza de un lado a otro. Cuando usted encuentra

la pareja de su vida, tiene que decir como dijo Adán: «¡Wow!
ahora esta es hueso de mis huesos y carne de mi carne».

En el diseño matrimonial hay un propósito: Dios dio a Adán
una esposa y le dio a Eva un esposo. Y así es como funciona
desde el principio. Dios no le dio a Eva un padre para que este
la gobernara y le sometiera en todo lo que se le antoje. No le
dio un hermano para que estuviera jugando ni tampoco le dio
un hijo para que lo cuidara.

Hay hombres que juegan a algunos de estos roles en el matrimonio o dejan que sean sus padres quienes dirijan sus vida
aun después de casados y les digan dónde vivir, como criar a
los hijos, como tratar a su esposa. Esto no debe ser así, es con-
trario al deseo y al diseño de Dios. Él les dio a ambos un compañero y una compañera, de modo que lograran un compa-
ñerismo único en la tierra. Podemos decir, con certeza, que el
matrimonio es la relación humana más suprema, indisoluble,
resistente y firme que conocemos en todo el planeta tierra.

Segunda Parte

CUADRILLA
O EQUIPO DE TRABAJO

(Principios en el matrimonio)

52 «Yo soy la vid y vosotros los pámpanos;
el que permanece en mí, y yo en él, éste
lleva mucho fruto; porque separados de
mí nada podéis hacer».
Juan 15:5

7. EL TRIANGULO DEL AMOR PERFECTO

En capítulos anteriores, le hable de un triángulo perfecto conformado por el creador, Adán y Eva. Quiero mostrarle, a través de la figura geométrica de un triángulo equilátero cuyos tres lados y ángulos son iguales, cómo debe ser nuestra relación con el diseñador de nuestro matrimonio (nuestro Dios):

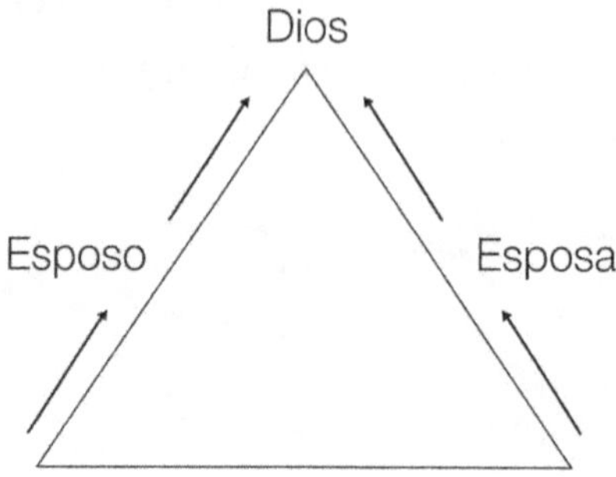

La mejor fórmula para el éxito de una relación matrimonial es involucrar al creador. Cuando hablo de involucrarlo, estoy hablando de que cada paso y decisión que se deba tomar pasa por el tiempo de acercarnos a él.

Esta figura, nos muestra la manera cómo debemos actuar en los momentos en que haya problemas en la relación de pareja. Présteme un poco de atención. Imagínese la figura de un triángulo que tenga la misma distancia por ambos lados. Dios está en la parte superior y como único centro de la relación.

Es interesante detenerse y pensar en la definición de un triángulo equilátero primero tiene tres lados con las mismas medidas, tres vértices, y tres ángulos de igual forma con las mismas medidas. Eso nos lleva al concepto de matrimonio establecido por Dios une al hombre y a la mujer, ambos con igual valor para él, Los tres vértices representarían Dios el esposo y la esposa y los ángulos con igual carga de responsabilidades a pesar de que son diferentes responsabilidades. Ambos con una misma dirección o devoción al padre.

Dios anhela tener intimidad espiritual con sus hijos y cuando el hombre y la mujer creen que Jesús murió por sus pecados y lo aceptan como señor y salvador ponen el fundamento para esta intimidad espiritual. Ahora cada uno forma parte de la familia de Dios. Y en una relación matrimonial el Espíritu Santo viene a ser el punto de unión entre las dos almas. El los llena con el amor de Dios. Y ambos comparten su devoción por el creador y salvador «Hay un solo cuerpo y un solo Espíritu, así como también fueron llamados a una sola esperanza...
» **Efesios 4:4–6**

El hombre y la mujer cuando colocan su fe en Dios son inundados por la fuente del amor, Dios mismo. Los dos com-

54 parten el compromiso espiritual mutuo de adorar y honrar a Dios. Esta es la parte más importante en un matrimonio pues es bloque estable de la relación y es lo que hará que se mantenga sólida y compacta.

En el matrimonio la pareja hace sus votos delante de Dios. Prometen amarse, ser fiel el uno al otro hasta que la muerte los separe. Esto es devoción. Solo el amor de Dios derramado en el espíritu del humano lo capacita para amar incondicionalmente a su cónyuge y servirle. En una relación ambos experimentan altos y bajos en sus emociones, esto indica que no siempre tienen la misma disposición de amor y entrega el uno para el otro. De allí la importancia de mantenerse sus emociones sometidas al espíritu renacido.

Cuando ambos, esposo y esposa están entregados a Dios, la devoción o intimidad entre ellos, aumenta. Porque su enfoque y mirada están dirigidos a Dios esto permite el ascenso en el triángulo. Su acercamiento a Dios garantizara su gobierno, cuidado, protección, guía y dirección sobre nuestras vidas y matrimonio. "Acérquense a Dios, y él se acercará a ustedes..." Santiago 4:8

Alejarse de Dios produce un distanciamiento el uno del otro, pues cada cual comienza a ver sus propias virtudes, fortalezas o debilidades; solo piensan o se centran en sus intereses y necesidades. Surge un deseo de controlar y se manifiesta la codicia de recibir alabanzas o ser el centro de la relación. Es en este punto donde hay separación, los conflictos se intensifican y la relación se deteriora.

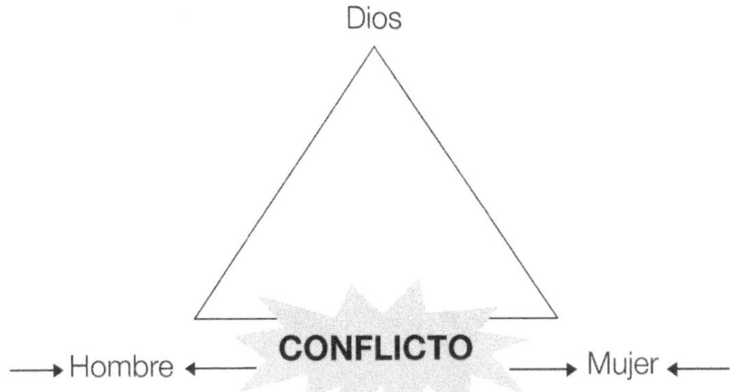

8. HOMBRE INSENSATO vs MUJER SABIA

Veamos este ejemplo. Según el triángulo del amor perfecto, un hombre y una mujer deciden casarse por el civil y por la iglesia, como lo manda la sociedad. Ahora bien, forman desde el principio este triángulo del amor perfecto. Dios se encuentra en la parte superior del triángulo, la esposa en el lado izquierdo y el esposo en el lado derecho. Supongamos, que uno de los dos, por ejemplo, el hombre, después de haber pasado la luna de miel y experimentado momentos inolvidables de pasión, decide ser insensato y no tomar en cuenta a Dios en su relación; diciendo, además, «¡qué Dios ni que Dios, yo me case contigo no con Dios; además los asuntos nuestros los arreglamos nosotros como pareja y nadie más!». ¿Qué cree usted que va a ocurrir? Este hombre, al tener esta actitud **y tomar**

56 **la decisión de alejarse de Dios, se mantiene parado en la parte baja derecha del triángulo, lejos de su esposa y por supuesto lejos de Dios**. Algo como esto:

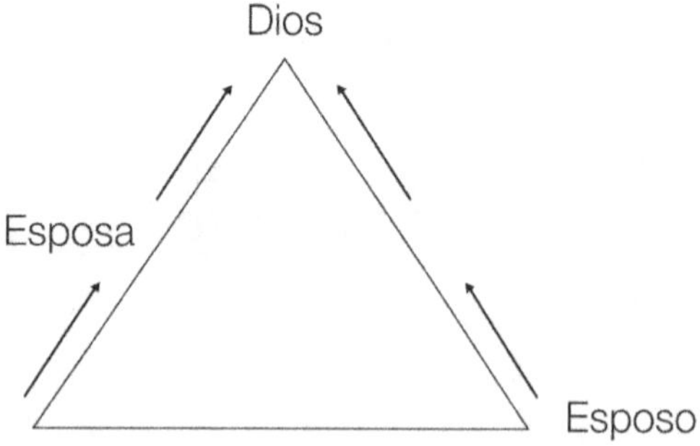

O esto

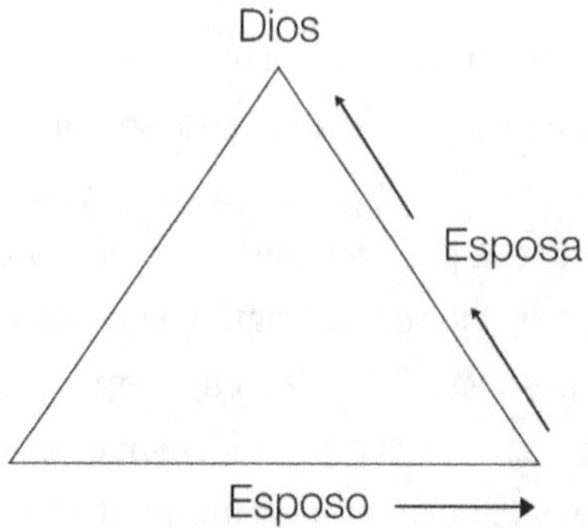

Luego, al ver la actitud de él, la mujer le dice: «No digas eso por favor, nosotros como matrimonio necesitamos que Dios sea nuestro guía, nuestro consejero; necesitamos que él nos muestre dónde estamos fallando, como pareja y podamos seguir avanzando». Pero él, por su terquedad, se mantiene con la misma actitud de no buscar de Dios. Pero ella insiste alegando que deben hacerlo por los hijos, los padres y por ellos mismos. Aun así, él continua dando la misma respuesta de que el asunto es solo entre los dos. Finalmente, ella decide que si el esposo no lo hace, ella sí involucrará a Dios orando por él para que lo haga entender que está equivocado. ¿Qué cree usted que ocurre en el triángulo perfecto del amor? Con esta actitud la mujer sube y se acerca, en la figura del triángulo, a su Señor y creador, es decir, permite que la guía de nuestro padre marque el rumbo de sus vidas. **Mientras que el hombre, con su decisión se mantiene en la parte baja del triángulo, hace que se produzca un estancamiento y un distanciamiento en la relación con su mujer y con Dios**. Al encontrarnos lejos o separados de Dios, nada podemos hacer.

La Biblia nos enseña en el libro de **Juan 15:15** lo siguiente: «Yo soy la vid y vosotros los pámpanos; el que permanece en mí, y yo en él, este lleva mucho fruto; porque separados de mi nada podéis hacer». Si el diseñador dice que nada podemos hacer cuando estamos separados de él, es porque nada podemos hacer. Nos angustiamos, no encontramos consuelo, pareciera que no salimos de una para caer en otra. Nuestra vida de pareja se convierte en un círculo vicioso en el cual damos vueltas y vueltas sin poder salir. Afectados por una sociedad donde el hombre llama a lo bueno malo y a lo malo lo llama bueno, donde la forma de vestir se valora más que la forma de pensar y donde perder un BlackBerry es más dramático que

58 perder la virginidad. Una sociedad donde el amor se prostituye, la justicia se soborna y las promesas se rompen sin pensar en la mínima consecuencia.

Son muy sabias las palabras del profeta **Isaías 5:20** cuando señala: «Ay de los que a lo malo dicen bueno, y a lo bueno malo; que hacen de la luz tinieblas, y de las tinieblas luz; que ponen lo amargo por dulce, y lo dulce por amargo».

Ahora bien, después de ver la actitud de cada uno de los cónyuges en esta relación de pareja, ¿qué cree usted que va ocurrir con esta relación? La respuesta es que al no ponerse de acuerdo, lo más probable es que la relación se deteriore. Él por su parte decidirá hacer las cosas a su manera, sin tomar en cuenta a su pareja y, por supuesto, mucho menos tomará en cuenta a Dios. Por el otro lado, ella, como mujer sabia y entendida, sabe lo importante que es involucrar a Dios en su relación y decide edificar bien su casa; va al arquitecto, al diseñador a buscar su dirección y su cuidado. Al hacerlo, recibe la sabiduría necesaria para mantenerse en su hogar y edificarlo.

También podría darse el caso de un hombre sabio y la mujer insensata. Un hombre que ha fallado y cometido muchos errores que luego tiene un encuentro personal con su creador y decide buscar la dirección de Dios, como fue mi caso en un principio.

9. HOMBRE ARREPENTIDO VS MUJER ALTIVA   59

Veamos el caso de un hombre que le falló a su esposa cometiendo una infidelidad, pero después de un tiempo reconoció ante Dios y ante la gente el daño que le hizo a su esposa y a su familia, y tomó la valiente decisión de arrepentirse y enmendar todo su daño. Este hombre se acercó a Dios y le pidió perdón por lo ocurrido a su esposa e hijos; prometió que no volverá ocurrir y, a partir de allí, empezó a mostrar frutos de verdadero arrepentimiento.

La esposa llena de dolor, rabia e impotencia por lo ocurrido (cosa que es entendible) decidió no creerle y comenzó a vociferar cuanto pensamiento destructivo pasaba por su mente. Tomó la decisión de no perdonar a su esposo, tiene mucho dolor y rabia por lo ocurrido y cree que él no se merece su amor ni el amor de sus hijos; así que decidió no perdonarlo y abandonar todo. Incluso, renunció a toda posibilidad de reconciliación, perdón y decidió alejarse de su esposo y de Dios. Ella está segura que su esposo no puede cambiar, no cree que Dios con todo su poder y su amor pueda hacerlo.

¿Cuál cree usted que será el resultado? La respuesta más obvia es que ocurrirá un distanciamiento de la mujer tanto de Dios como de su esposo. El hombre sube en el triángulo del amor perfecto y se acerca a la presencia de Dios y al diseño de su creador; pero la mujer se queda detenida en la parte baja del triángulo y lejos de la bendición de Dios.

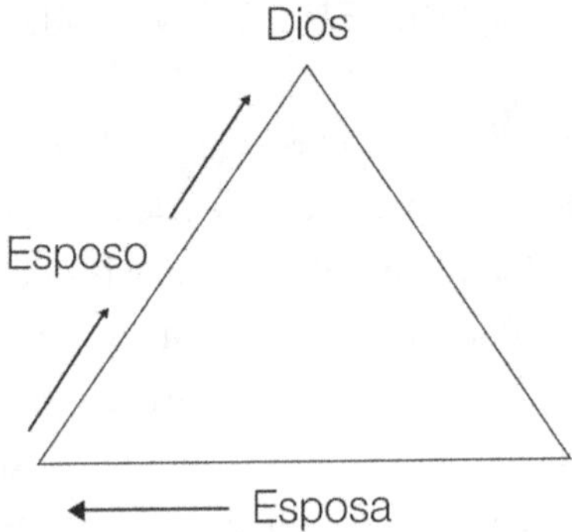

Esto dará como resultado lo que dice la biblia en **Lucas 11:17**: «Que una casa dividida rápidamente se derrumba, que de nada vale que se esfuercen los constructores, porque tarde o temprano se va a derrumbar». Entonces, uno se pregunta **¿por qué se va a derrumbar? La respuesta es, simplemente, porque está lejos el hogar del perdón y no se ponen de acuerdo.** Estos dos aspectos se constituyen en pilares fundamentales que el plano exige para mantener en pie la estructura.

Algo que debemos entender en esta vida es que no alcanzaremos la plenitud de Dios en nuestro matrimonio **ni podremos llevar adelante ningún proyecto de cualquier índole hasta que ambos nos pongamos de acuerdo.** Este es un principio bíblico que no debemos olvidar y debemos tenerlo siempre presente en nuestra casa, en nuestra relación de pareja o de negocios. Cuando los cónyuges están juntos y de acuerdo, se produce en lo sobrenatural una «muralla» de contención invisible que protege a quienes se encuentran dentro, la cual impide la influencia negativa de otras personas ajenas a esa relación; entonces, surge un ambiente de alegría y felicidad inexplicables. **El perdón es otro principio necesario que va a restaurar, reparar o reconciliar cualquier grieta en la edificación; siempre es necesario y nunca está de más**.

La Biblia es extremadamente simple en algunos conceptos que presenta, sin embargo, en dichos conceptos hay una sabiduría que, si se obedece, hace mucho bien a las personas; sobre todo, a los matrimonios. Todos tenemos que aprender esta gran verdad: No se puede vivir en pareja sino se está junto y de acuerdo. El acuerdo es la base de todo matrimonio y de todo proyecto.

Debemos que tener presente que la idea del matrimonio no es de un gobierno ni de ninguna institución, sino de Dios. Él fue quien creó y unió al hombre y a la mujer, él los conoce. **Por eso, en la medida que ambos se acerquen a Dios, se aproximan al diseño de Dios, al «triángulo perfecto del amor»**. Mientras cada uno busque, ame y se acerque más a él, amará cada vez más a su pareja. Lo hará porque comprenderá su diseño y la razón de poder amar a su cónyuge sin condición. Mientras más alejados estén del diseñador, más les costara comprender por qué la pareja actúa como actúa, hace lo que hace y dice lo que dice.

Sea inteligente y entendido; cuando usted vea que su esposa o esposo está buscando más de Dios, anímelo, apóye-

62 lo con lo que está haciendo. **Está comprobado que en la medida en que el hombre o la mujer tengan cercanía con Dios, conocerá más su diseño y podrán amarse y valorarse más.**

Recuerde que el centro de la relación matrimonial siempre es Dios. Cuando uno de los dos cónyuges rompe su relación con él, el triángulo se rompe y, como consecuencia, la relación deja de funcionar.

10. ALINEADOS CON EL ARQUITECTO

El diseño perfecto

«Activa la bendición, y las promesas de Dios a la familia»

A veces se da el caso de un hombre criado junto a sus hermanos en un hogar disfuncional en el que solo existió la figura de la madre desempeñando el rol materno y paterno muchas veces con lágrimas en sus ojos; que vivió en carne propia la ausencia de un padre que lo protegiera padeciendo hambre y miseria. Este hombre decide casarse con una mujer criada por sus abuelos, tíos y familiares, por lo cual ella y sus hermanos vivieron en hogares diferentes en los que no existía el temor de Dios; que también padeció necesidad y escasez.

Al casarse, ellos deciden ponerse de acuerdo y permitir que Dios direccione sus vidas, pues no quieren que su historia se repita en sus hijos. En medio de sus diferencias y circunstancias, deciden buscar a Dios y reconocen que la única manera de activar la bendición de Dios en su matrimonio y en sus futuros hijos es alinearse al diseño de Dios. Cuando esto sucede, ambos suben en el triángulo en busca de dios y de su bendición. **Es por esto que mientras más se acerquen a Dios, más se amarán y respetarán**.

Cuando tenga alguna diferencia con su pareja, acuda a él. No deje que esas pequeñas diferencias los alejen y separen. Recuerde que son complemento y se necesitan mutuamente. Juntos son una sola carne como dicen las escrituras, separados no producen nada.

Recuerde por un momento cuando usted era joven y aún no había tomado la decisión de unirse a su pareja. Piense en cómo era su vida, si tenía casa, carro o si usted se preocupaba de la necesidad que tenían sus padres para traer el sustento. Estoy seguro de que un pequeño porcentaje sí lo hace, pero la gran mayoría de nosotros nos convertimos en hombres y mujeres

64 de verdad cuando tomamos la decisión de unirnos a nuestra pareja, cuando decidimos casarnos. Por eso, no me cansaré de decir que un hombre solo no es hombre, sino un varón; solo llega a ser hombre cuando se une a una mujer y asume su rol y su responsabilidad de guiar su casa y su familia.

La Biblia está llena de hombres que vale la pena estudiar y presentar como modelos para aprender de ellos. Booz es uno de estos valiosos varones de Dios que merecen nuestra atención.

La historia de Booz aparece en el libro de Rut. Allí se nos narra el amor de Booz y Rut. Él era un hombre soltero, rico y honorable. Ella era viuda, humilde, pobre, de origen pagano; pero que renunció a sus dioses para ir tras el único y verdadero Dios, y con la determinación de no abandonar a su suegra.

El pueblo de Israel tenía una ley para proteger a la familia, «la ley del levirato». Esta consistía en que una mujer viuda que no tuviera hijos, podía desposarse con su cuñado, el hermano del difunto, para que tuviese descendencia, heredara sus bienes y perpetuara su nombre. Booz se inspira en la piedad de esta ley para arropar a la desamparada Rut en su estado de pobreza y soledad. Booz era un hombre temeroso de Dios y estaba dispuesto a asumir todo lo que fuera necesario por alegrar el corazón de ella. Ella, una mujer dispuesta a someterse a la redención de ese hombre.

Eso es lo que hace un varón lleno de Dios, un marido que busca complementar lo que le hace falta a su esposa, que busca continuamente alegrar su corazón. Nosotros los hombres debemos entender que, después de Dios, nuestra principal prioridad es nuestra esposa, que tenemos la obligación, delante de él, de cuidarla, amarla y tratarla como a vaso frágil, de disfrutarla en todo momento, aun cuando llegue la vejez.

Proverbios 5:18-19 dice: "Sea bendito tu manantial, Y alégrate con la mujer de tu juventud, Como cierva amada y graciosa gacela. Sus caricias te satisfagan en todo tiempo, Y en su amor recréate siempre". El Señor hace mucho   énfasis en que estés contento, que se alegre, que disfrute; pero no le dice que lo haga solo cuando son novios o cuando tengan dos o tres años juntos, o cuando venga el primer hijo. Le dice que lo haga siempre y la disfruta en todo tiempo.

¿Qué nos enseña la historia de este hombre llamado Booz? Nos enseña que si las personas actúan de acuerdo con la voluntad de Dios, gozarán de su dirección y su bendición. Por eso es importantísimo ponerse de acuerdo con Dios y con su esposo(a). Amos 3:3 Dice: "Andarán dos juntos, si no se ponen de acuerdo"

Sencillamente, mire lo que enseña este versículo:

a. Andar juntos y,
b. Ponerse de acuerdo

66   *Esto implica*

> ***a.*** Respetarse
> ***b.*** Ser considerado
> ***c.*** Aceptar las diferencias

Usted puede andar junto a su cónyuge y sentirse que anda solo. Muchas personas se casan con la esperanza de compartir sueños, anhelos y proyectos, pero viven gran parte de sus vidas frustrados, fracasados, sintiendo que la vida perdió sentido. Nunca se ponen de acuerdo. Recuerde que «Si esperamos la bendición del padre debemos, caminar siempre juntos para que Dios se haga presente».

Tercera Parte

COMENCEMOS LA OBRA

(Principios en el matrimonio)

68

"Todo aquel que viene a mí, y oye mis palabras
y las hace, os indicaré a quien es semejante".
Lucas 6:47

11. HERRAMIENTA I

Construyendo con sabiduría

En este sentido hay dos pasajes en la escritura que llaman mi atención. El primero se encuentra en **Lucas 6:47-49**, la historia relata la experiencia de dos hombres de familia que decidieron emprender un proyecto de construcción. Ambos tenían todo lo necesario, materialmente hablando para iniciar y culminar la obra. Pero solo uno de ellos aplico la sabiduría para hacer de su proyecto una realidad y con resultados extraordinarios. Tristemente el otro hombre no aplico la sabiduría lo cual le costó la ruina. El mismo pasaje menciona ciertos pasos que se constituyen en la fórmula que **Jesús quería enseñar a sus discípulos: venir, oír y hacer su palabra**; estas acciones eran la clave que garantizarían la prosperidad y bienestar de quienes la abrazaban.

El siguiente pasaje de la escritura se encuentra en **Proverbios 14:1**, expresa, a al igual que la anterior, una de las herramientas más importante en la edificación y construcción de los matrimonios. Aquí se representa las dos caras o condiciones que tiene la mujer, cuando esta actúa como mujer sabia o mujer necia. Fíjese que el escritor de este proverbio inspirado por el Espíritu Santo define claramente lo que ocurre en un hogar cuando la mujer la edifica con sabiduría, pero también describe lo que ocurre cuando actúa con insensatez.

Me llama la atención que la palabra de Dios no tiene medias tintas, para él no hay mujer más o menos sabia, o más o menos insensata. Al igual que no existe para Dios un hombre más o menos sabio, o más o menos insensato. Tanto la mujer o el hombre son iguales delante de Dios, ambos fueron creados a su imagen y semejanza.

La mujer refleja tanto la imagen de Dios como el hombre. Y en eso debemos estar bien claros. Dios no hizo superior al hombre, como tampoco a la mujer. Aun cuando los hizo en momentos distintos y con características muy diferentes, los hizo uno. Los formó a su imagen y semejanza, pero les dio roles distintos a cada uno para que se complementaran y se integraran.

Ahora bien, siempre he considerado la edificación o construcción como un trabajo rudo que necesita fuerza, paciencia, habilidad y destreza. Construir una casa requiere tener en cuenta una serie de elementos, tales como: bloques, cabilla, cemento, arena, granzón, entre otros, y lo más importante, tener planos hechos por un buen arquitecto.

Cuando meditaba en esto, le hice a Dios la siguiente pregunta: según este pasaje y a mi modo de ver ¿Señor porque tú le diste el trabajo de edificar la casa a la mujer y no al hombre, cuando edificar una casa es un trabajo duro, fuerte y necesi-

70 ta mucha fuerza y constancia? Y el señor me respondió por medio del pasaje en **1 Samuel 16:7**: «Y jehová respondió a Samuel: no mires a su parecer, ni a lo grande de su estatura, porque yo lo desecho; porque Jehová no mira lo que mira el hombre; pues el hombre mira lo que está delante de sus ojos, pero Jehová mira el corazón».

Dios no mide al hombre o a la mujer según esquemas naturales o humanos. Dios mira mucho más allá de lo que usted y yo miramos. Nosotros medimos las personas según lo que vemos, según la apariencia; pero Dios mide al hombre según el corazón, según las cualidades y características que él mismo formó.

Dios hizo al hombre y a la mujer con cualidades únicas para complementarse; recuerde que ya no son dos, sino uno. Dios dotó a la mujer con una capacidad de aguante y un discernimiento especial, que muchos de nosotros como hombres no tenemos. Y al hombre le equipo con una fuerza y capacidad para liderar y proveer. Fíjense bien en estos ejemplos: Una mujer y un hombre fuertes y con sabiduría son la combinación que requiere una familia para formar sus bases sólidas. Una mujer que es temerosa de Dios, cuida y atiende a su esposo, dirige, protege a sus hijos, vela por la estabilidad emocional de su familia, sabe cuál es su lugar, su rol como madre y como esposa, se respeta a sí misma y respeta a su marido. Ella está enfocada en su casa, no en la casa de la vecina. Está envuelta en los asuntos de su Hogar, no entremetida en la vida de otros. El propósito de ella es «obrar sabiamente» para edificar su casa. Esta mujer sabe cuál es su llamado y su compromiso principal, su casa. Por otro lado un hombre sabio que viene al señor, escucha su palabra y la pone en práctica, es un esposo que ejerce un liderazgo amoroso, no con la intensión de pisotearla, sino con la responsabilidad de protegerla poniendo aun su propia vida. Es **un esposo que se sujeta al señor y acepta su guía para el poder guiar a su esposa, a sus hijos y a su familia toda**. Es proveedor y sacerdote de su casa. No anda entremetido en asuntos de inmoralidad, de fraudes o mala administración. Es un esposo y padre que provee seguridad y propósito.

Definitivamente, «la influencia de un hombre y mujer sabios hace la diferencia en un hogar y en una sociedad»

72   *Parte de mi testimonio*

Nací en un hogar disfuncional, mi padre abandonó a mi madre a pocos años de haberse casado con ella, y abandono la casa y toda responsabilidad con mi madre, mi hermano y yo teníamos poca edad, con apenas 2 y 3 años respectivamente. Crecí con la ausencia de un padre, nunca recibí un consejo oportuno ni me proveyó de las necesidades básicas que todo niño necesita. El abandono de mi padre nos dejó en un estado de indefensa total, pues debido a la corta edad que teníamos mi hermano y yo, necesitábamos cariño, cuidado y la atención de un padre. Estando en esa situación, solo la figura de mi madre direccionaba el modelo de vida que tendríamos. Así, crecí en medio de la necesidad, aprendí y conocí la cara de la miseria, del hambre y del dolor.

Aún recuerdo, como si fuera ayer, los días en los que teníamos hambre y salíamos al patio trasero de la casa en que vivíamos (un rancho con cuatro latas) a recoger los frijoles que habíamos sembrado con tanto sacrificio; teníamos que regarlos y cuidarlos ya que, muchas veces era lo único que teníamos como sustento, para poder alimentarnos. En otras oportunidades, lo que hacíamos para comer era recoger mangos y semillas de merey que se cosechaban en un hato cercano. Fue tan difícil mi niñez, que cuando mi madre no tenía ni los mangos ni las semillas para proporcionarnos el almuerzo, nos tocaba a mi hermano y a mí ir al colegio sin alimentos. Recuerdo que en muchas oportunidades, mientras otros niños disfrutaban el recreo del colegio, corriendo, jugando y comiendo lo que querían, mi hermano y yo recogíamos las botellas de refrescos que dejaban abandonadas en el suelo los compañeros de estudio. Sacrificábamos el tiempo de compartir con otros, para hacernos merecedores de un refresco y un pastelito, que nos regalaba el dueño de la cantina al finalizar el recreo.

Fue duro vivir este tiempo así; tan pronto escuchábamos el timbre, sabíamos que había terminado nuestra jornada de trabajo. Esta experiencia la vivimos en casi toda la etapa de primaria. Fueron pocos los días de descanso que disfrutábamos como niños. Recuerdo que hubo un tiempo, a la edad de siete u ocho años, en que me levantaba a las 4:00 a.m. para ayudar a un vecino que tenía una fábrica de pasteles, lo hacía con el propósito de recibir, al final de la jornada de trabajo, el desayuno de mi madre, el de mi hermano y el mío. Luego de recibirlo, a eso de las 8:00 a.m., salía a vender una olla con veinticinco pasteles para contribuir con los gastos de mi casa.

De este modo crecí, me hice hombre, padre y, luego, me convertí en el esposo de una mujer maravillosa que me ha soportado, entendido y complementado de manera increíble. **Una mujer que fue sabia y entendida y pensó primero en sus hijos y en su hogar antes de permitir la destrucción de su familia**.

Recuerdo que cuando nos casamos, nos fuimos a vivir en la casa de mi madre, uno de los primeros errores que cometemos al casarnos.

74   El desconocimiento de la palabra de Dios nos llevó a casarnos de manera desordenada. Mi madre y mi suegra nunca estuvieron de acuerdo con nuestro matrimonio, se interpusieron en miles de formas para que nosotros no nos casáramos. Pleitos, contiendas, desacuerdos, disensiones y celos. Fueron tantas las discusiones y los problemas que tenían entre ellas que un día, antes de nosotros contraer matrimonio, en medio de una discusión se tomaron por los cabellos, en plena calle del sector donde vivíamos. Se dijeron cualquier cantidad de improperios, insultos y ofensas sin pensar en el daño que nos estaban haciendo a mi esposa y a mí.

Solo imagínese el escenario por un momento: la madre de mi esposa, la mujer que estaba escogiendo para que fuera mi suegra, peleándose con mi madre, la que sería también la suegra de mi esposa. ¿Qué creen ustedes que pasaba por nuestras mentes? Me refiero a lo que pasaba por la mente de mi novia (ahora esposa) y por la mía. Obviamente, nada bueno. Queríamos correr, perdernos para siempre y que no supieran nada de nosotros ni de nuestras vidas.

En medio de esta atmósfera de contienda y dolor llevamos nuestro noviazgo. Un día, paso lo que tenía que pasar, no de la forma que habíamos soñado, ni planificado, pero paso visitando a mi abuelo paterno que estaba hospitalizado en el séptimo piso del hospital Chiquinquirá, el cual presentaba una enfermedad que resulto terminal. Estando en la habitación donde se encontraba mi abuelo Pedro, miré por la ventana del cuarto hacia abajo y vi que allí estaba la prefectura del distrito.

Pensé por un momento que ya estaba cansado de vivir esta situación, pues las circunstancias se han tornado insoportables. Así que le dije a mi novia y mi actual esposa: «Mi amor, vamos a terminar con este problema de una vez y para siempre, ¡vamos a casarnos! ¿Qué nos impide el poder hacerlo ahora mismo?». La lleve a la ventana y le dije: «Mira, allí debajo está la prefectura, vamos a casarnos para que se acaben los problemas entre tu mama y mi mama. Vamos hacerlo aunque se mueran de la rabia, igual ya estaremos casados, además van a tener que acostumbrarse y aguantar nuestra relación».

Así que bajamos de aquel hospital y nos dirigimos hacia la prefectura del distrito. Nos pidieron dos (2) testigos para hacer el acto y, como requisito principal, ser mayores de edad; mi esposa cumplía con este requisito pero yo no, pues aún no había cumplido la mayoría de edad. Como cosa fortuita, mi padre visitaba a mi abuelo en el hospital ese mismo día y me dije que como mi padre nunca había estado a mi lado, esta es una buena oportunidad para que haga algo por mí; así que me acerqué y le pedí que me representara en ese acto, a lo cual no puso objeción. Nos dirigimos a la prefectura y le dije al prefecto que veníamos a casarnos.

Recuerdo que el prefecto me contestó en tono burlón «bonita vaina venís hacer». Je je je... En ese entonces, no entendí lo que quiso decir. De igual forma, no le prestamos mucha atención, pues estábamos completamente decididos a casarnos y así lo hicimos. Nos amábamos tanto, que no pensábamos en nadie más; solo en nosotros, solo importaba ese momento

76 y que se terminaran todos los problemas que teníamos de una vez y por todas. Al menos eso creíamos nosotros.

Después de que firmamos los libros y terminó el acto, no hubo ninguna celebración. No hubo desfiles de carrozas ni personas lanzando arroz ni felicitaciones ni abrazos ni regalos, solo hubo alegría mezclada con miedo en nuestros corazones.

No obstante, nada de eso importaba. **Solo importábamos los dos y la seguridad de que estábamos unidos y casados por la ley, y eso era suficiente**. Les gustara o no a nuestras madres, ya éramos esposos. Así pues, vinimos a nuestras madres y les entregamos la copia del certificado de casamiento. ¡Cuán grande fue su asombro! No podían creer lo que habíamos hecho; pero no había caso, ya estaba hecho y nada podían hacer. Estábamos legalmente casados, las lágrimas corrían por el rostro de mi madre como un rio en plena tormenta; pero no había vuelta atrás, el hecho estaba consumado. Sin embargo, fueron mi madre y mi suegra las que con sus actitudes nos llevaron a tomar la decisión de casarnos de esa manera.

Después de casado, comencé a tener un comportamiento con mi esposa que no estaba alineado a los planes de Dios en lo absoluto. ¡Les cuento por qué! Crecí en un sector de la ciudad muy deprimido económicamente. Desde muy niño, compartí con familias que estaban en las mismas condiciones que nosotros; es decir, donde la ausencia de la figura paternal era el elemento común. De manera que me parecía muy normal ver un hogar donde solo estuviera la figura de una mujer sacrificada, abnegada y luchadora tal como lo fue mi madre.

Vivimos momentos difíciles durante los cuales mi madre dejaba de comerse un trozo de pan para dárnoslos a mis hermanos y a mí. Ver un hogar en estas condiciones me parecía algo tan normal, que cuando tomé la decisión de casarme, no le di mucha importancia al hecho de dejar a mis hijos y a mi esposa solos en la casa y salir a trabajar por largos periodos de tiempo.

Comencé a laborar en una empresa como vendedor y fue allí donde me acostumbré a dejar solos a mi esposa y a mis hijos. Salía de viaje a otros estados del país por periodos de 45 días o más si era necesario. A mi regreso, solo permanecía en casa de tres a cinco días. Muchas veces, tenía que pasar ese tiempo también en la empresa para entregar cuentas. Así que eran muy escasos los momentos que solía compartir con mi esposa y con mis hijos.

Recuerdo el momento en que nació mi primera hija. Ese día, tenía que salir de viaje al oriente del país a realizar mi jornada de trabajo, mi esposa presento dolores de parto, la lleve al hospital materno más cercano y fue atendida por los médicos de guardia de inmediato. Solo habían transcurrido unos minutos de la llegada de mi esposa al hospital, cuando escuché a través de la puerta de sala de parto el llanto de un bebé que envolvía el silencio de aquel lugar. Me levanté de inmediato de

78   la silla en la que estaba sentado y corrí hacia la ventanilla de la puerta que daba a la sala de parto. Recuerdo ese día como si fuese hoy. Allí estaba mi esposa, acostada sobre una cama y, a su lado, el médico con un bebe en sus brazos. Al ver este mí interés a través de la ventanilla, levantó sus manos hacia mí y me dijo: «Es una niña muy hermosa». No puedo describir la alegría que sentí en ese momento al ver a mi hija por primera vez llorando en brazos de aquel doctor. Sentí que mi corazón estallaría de alegría y regocijo. Pero toda esa alegría y emoción se quedaron en aquel lugar. Dejé a mi esposa y a mi primera hija sin pensar en lo difícil que sería para ella estar allí, sin contar con el apoyo de un hombre que velara por ella y por su hija. No sentir el apoyo de un esposo que compartiera con ella su alegría, fue doloroso para ella.

Ese era yo, un hombre que no comprendía lo mucho que vale para una mujer sentir y tener el respaldo de su marido, del hombre que ella escogió como esposo y compañero para toda la vida. Pero así sucedió, allí la dejé sola. Siempre era lo mismo, en el momento en que ella más me necesitaba, yo tenía que salir de viaje y la dejaba sola. Esa era mi vida, solo compartía con ella breves momento de intimidad, no valoraba su esfuerzo y su sacrificio.

Salía de viaje y dejaba solo lo necesario para cubrir los gastos de la casa. Así pasaron mis primeros ocho o nueve años de matrimonio. No me importaba si había hijos o no, si ella era feliz o no; solo me importaba salir a trabajar e irme de la casa. Nunca me tome la molestia de preguntarle a ella si era feliz, si se sentía sola. Solo pensaba en salir y traer la provisión económica para la casa, esa era mi excusa, valedera o no, esa era mi respuesta siempre. Recuerdo que ella me decía, ya en mis últimos años de trabajo en esa empresa: «Nerio, de qué me sirve que traigas dinero, comida y compres lo que necesitamos materialmente, si no podemos tenerte en casa ni compartir juntos como familia. Mira a nuestros hijos, están creciendo y ellos requieren de la figura de un hombre; necesitan tener un padre que les hable con autoridad y que los cuide, que este con ellos cuando se sientan tristes, solos o a punto de tomar alguna decisión equivocada». Pero yo siempre le repetía con tono mandón o dominador: «Bueno chica, para eso trabajo, para que no les falte nada, para que no tengan que pasar por lo que pasé yo». A simple vista, lo que decía era una razón valedera y suficiente para seguir haciendo de las mías.

Siempre insistía en el tema y yo le respondía que se quedara tranquila, porque a ellos, lo único que les faltaba es sarna para rascarse ¡Qué equivocado estaba! No sabía lo que decía y mucho menos entendía lo que estaba haciendo.

La necesidad de vivir solos

Como les he venido comentando, nos casamos sin considerar, en absoluto, lo que nos vendría encima y sin importarnos la reacción de nuestras progenitoras. Sin embargo, para paliar un poco sus emociones, mi esposa y yo pusimos fecha para casarnos con la bendición de la iglesia. A los pocos días, los problemas continuaron entre ambas progenitoras, fueron momentos terribles los que vivimos; pero pensábamos que

80 ya estábamos casados y eso era lo realmente importante para nosotros.

Tiempo después, decidimos no casarnos con la bendición de Dios y   acordamos mudarnos a casa de mi madre y compartir nuestras vidas juntas allí. Déjenme decirles que este fue el comienzo de otro tormento. Cometimos otro error, pues la Biblia nos enseña que «Por tanto dejara el hombre a su padre y a su madre y se unirá a su mujer y los dos serán una sola carne» (**Mateo 19: 5**).

Fíjese que dice «por tanto», no «por tonto». Hay quienes piensan que dejar a padre y madre es de tontos, que muy bien podemos vivir con ellos, con nuestra esposa y con nuestros hijos. Pues no es así, cuando el arquitecto nos dice que «por tanto dejará el hombre a padre y madre, y se unirá a su mujer», es porque este es el diseño de Dios. Por tanto, si queremos evitar molestias y desagrados entre ambas parte, debemos vivir solos con nuestra pareja. Hay un refrán popular que refleja el deseo de las parejas de recién casados de tener una casa propia y no tener que vivir en casa de los padres. Este refrán dice: «El que se casa, a su casa; pero siempre así no pasa», o lo que es lo mismo, «el que se casa, casa   quiere» y es realmente cierto. Aunque no ocurre en todos los casos, pero un gran número de parejas se casan y, al igual que nosotros, toman a la ligera la decisión sobre el lugar donde van a vivir. No consideran las posibles consecuencias, simplemente, se lanza y punto. Actúan como dice el refrán, «como vaya viniendo,

vamos viendo» y lo que menos hacen es pensar con claridad   **81**
dónde y cómo van a vivir.

Muchos piensan de esta forma, de manera equivocada que, viviendo con los padres, cuentan con ellos para resolver cualquier eventualidad que se presente. **Es importante tener claro que, una vez que ambos toman la decisión de casarse, cada uno debe asumir su rol dentro del matrimonio.** El hombre, como cabeza, debe direccionar de manera apropiada a su nueva familia; debe ser el que provea los medios de alimentación y de cobijo para su esposa y su familia. Debe dar amor, respeto y protección a su esposa, así como por ella para que se sienta como una reina en medio de un castillo.

Si usted es padre o madre y está leyendo estas líneas, esto es para usted. Quiero sugerirle estos consejos que me han ayudado mucho como padre y como hijo:

a) Cuando su hijo o hija se aferre a la idea de mantener un noviazgo, que a su parecer crea que no le conviene, hágale saber con sabiduría que no está de acuerdo y explíquele con claridad el porqué de su posición. Pero nunca lo arrincone, nunca lo exaspere porque podría estar contribuyendo, a que su hija o hijo tome una decisión que quizás no quiera tomar. Puede ser que usted con su actitud, lo esté empujando sin querer a un abismo del que nunca podrá salir. La biblia nos enseña en **Efesios 6:4:** «Y vosotros, padres, no provoquéis a ira a vuestros hijos, sino criadlos en la disciplina e instrucción del Señor». En mi caso, le doy gracias a Dios porque la actitud

82 testaruda de mi madre y mi suegra hizo que se cumpliera la voluntad de Dios en mi esposa y en mí, aunque no fuera la mejor forma de casarnos.

b) Nunca vamos a entender los designios de nuestro Dios, por muy buena intensión que tengamos como padres; nunca podremos conocer a plenitud la voluntad del padre que está en los cielos. ¿Qué debemos hacer entonces? Si nuestro hijo o hija insiste en su actitud de no escuchar y obedecer al consejo de sus padres, entonces, oremos, clamemos a Dios en nuestra intimidad las veces que sea necesario hasta que Dios nos escuche. Estoy seguro que veremos su respuesta de en nuestra vida, en la de nuestros hijos y en nuestra familia.

No se desespere aunque a veces pareciera que Dios no responde o no lo hace a su manera, sino a la de él. Recuerde que, como padres, no siempre tenemos la razón; es de sabios hacer silencio y escuchar a Dios y a nuestros hijos. La nueva versión internacional de la Biblia nos dice: «Y si sabemos que Dios oye todas nuestras oraciones, podemos estar seguros de que ya tenemos lo que le hemos pedido» (**1 Juan 5:15**)

La necesidad de sujetarse

La mujer debe cumplir el rol para el cual fue diseñada por el creador. Ser sabía, saber edificar bien su casa, cuidando bien a sus hijos, amar y respetar a su esposo sometiéndose a él en amor y comprensión, ser entendida de los tiempos de Dios para su familia. Dentro del diseño del arquitecto para el matrimonio, se encuentra la sujeción de la mujer ante su esposo, porque **la sujeción es una decisión voluntaria por amor de permanecer en un lugar de protección** la mujer que reconoce y se sujeta a la autoridad de Dios, no tendrá ningún problema en sujetarse voluntariamente a su esposo como autoridad. Ella permitirá que su esposo la lidere, que lleve la dirección de su casa y de su matrimonio.

Ahora bien, el esposo debe crear un ambiente de amor y comprensión. Es difícil imaginar la sujeción de una esposa en un escenario donde el esposo la maltrata verbal y físicamente, la veja o la hace sentir menos que a nadie. Difícil es imaginar a una esposa sujeta a su marido cuando este consume constantemente licor y llega ebrio a su casa; tampoco cuando su marido sale a trabajar y se pierde por muchos días, como lo hacía yo, y luego llega a la casa con la excusa de que no tiene dinero para el sustento de la familia y por eso debe buscarlo. Es casi imposible que una mujer se sujete a su marido cuando este le prohíbe buscar de Dios o asistir a alguna congregación que le ayude y le aconseje a cómo mejorar su relación matrimonial.

No obstante, sí puedo imaginar a una mujer sujeta de manera voluntaria a su marido cuando se siente amada, respetada, protegida y, sobre todo, valorada en su función de esposa según el diseño de Dios. Ahora me pregunto, ¿será que una mujer que se sienta amada de la forma que acabo de describir se sujetaría a su esposo de manera voluntaria? Yo creo que sí, que estaría completamente agradecida con el diseñador por haberle dado ese rol.

84   ## Reconstruir la casa después de una infidelidad

En mi caso, y ya para finalizar parte de mi testimonio, mi esposa asumió su rol de mujer sabia, entendida y que sabe edificar bien su casa cuando, en medio de mi locura y distracción por cuidar más mi trabajo que mi casa, le falle siéndole infiel con otra mujer.

Han pasado ya casi treinta años de aquellos días oscuros, de tristeza y de dolor que le hice pasar a mi esposa. Días en los que yo solo pensaba en mí, en el placer de sentirme bien sin importar los demás ni los hijos ni la madre ni, mucho menos, la esposa. Fueron días en los que me daba igual si me dejaba o me divorciaba de ella. Estaba ciego, no podía ver con claridad lo que estaba ocurriendo y todo con respecto a mi esposa me tenía sin cuidado; solo me interesaba salir de viaje por largo tiempo y compartir con esa mujer con la que le era infiel a mi esposa. Creía que ella debía soportar todo lo que le hacía, pues yo era quien proveía todo para la casa.

¡Qué ciego fui!, ¡qué equivocado estaba al pensar y actuar de esa manera! Fueron varios años de mentiras en las que caía una y otra vez. Llegaba a mi casa tarde y decía que estaba bebiendo licor con mis amigos. Muchas veces, me hacia el borrachín para que mi esposa no me peleara. Otras veces, me llenaba la ropa de grasa y decía que el camión que conducía se había dañado. Una mentira me llevaba a otra, era como un efecto domino: una vez que comenzaba una conversación con mi esposa y le decía una mentira inmediatamente venía la otra.

Una infidelidad se convierte en una ficción que no puedes esconder por mucho que lo intente, que se cuide o que lo niegues, pues todo lo que haga en lo secreto Dio lo sacará a la luz, estoy plenamente convencido de ello. Nada escapa a la soberanía de Dios. Absolutamente todo lo que se hace en lo oculto, tarde o temprano, saldrá a la luz y en estos tiempos del auge de las redes sociales aún más.

El libro de **Marcos 4:22-23** dice: «Porque no hay nada oculto que no haya de ser manifestado, ni secreto que no haya de descubrirse. Si alguno tiene oídos para oír, oiga». Fíjese en la expresión «... si alguno tiene oídos para oír, oiga», esto es para usted y para mí. Si usted le ha fallado a su cónyuge, es hora de que le preste mucha atención a lo que dice este pasaje de la escritura. Hay muchas cosas que hacemos por desconocimiento porque nunca hemos sido enseñados o, simplemente porque copiamos los modelos vividos por los padres, amigos y vecinos.

Cuando era niño, lo que vi en mi casa y a mí alrededor fue mujeres solas llevando golpes, asumiendo la carga de su hogar porque no había hombres que cumplieran con su papel de padre o de esposo. Si hay algo que he aprendido de las escrituras es que usted y yo debemos ser entendidos de los tiempos de Dios. **Ser entendido es aprender la lección y no volver a tropezar con la misma piedra.**

Ciertamente, no hemos nacido con conocimiento y todo lo vivido es un aprendizaje que muchas veces adquirimos por

86 ensayo y error. Pero debemos ser como los hijos de Isacar, quienes eran hombres guerreros, valientes y entendidos de los tiempos, que sabían con claridad lo que el pueblo de Israel debía hacer (**1 Crónicas 12:32**). Isacar significa «recompensa». Cuando reconocemos que le hemos fallado a Dios, a nuestra pareja, a nuestros hijos y aceptamos ser enseñados por Dios, obtenemos nuestra recompensa.

Ya he dicho que todo cuanto hacemos será sacado a la luz y mi infidelidad no fue la excepción. Cuando menos lo pensaba, apareció una persona que le contó a mi esposa todo lo que estaba ocurriendo con lujo de detalles. Le dijo el lugar que frecuentaba, las horas en las que salía y entraba y hasta la ropa que vestía en cada momento que la visitaba. Imagínense por un momento la indignación, la impotencia y el dolor que sintió mi esposa en ese momento.

Hoy puedo ver con claridad lo difícil que fue para ella enfrentarse a esa realidad. Ella cuenta que me tenía en un lugar privilegiado y nunca pensó que le podría ocurrir tal cosa. No podía entender qué había pasado, qué había hecho mal, dónde había fallado como esposa para que esto le ocurriera. Simplemente, no lo podía entender. Ella veía que les ocurría a muchas amigas, pero nunca pensó que le ocurriría a ella también. Cuenta que lloró mucho, que sentía indignación, ganas de matarme o de agredirme con lo primero que encontrara. Recuerdo que, ese día, salió de la casa un (humilde rancho) donde vivíamos con ganas de encontrarme en el lugar donde le dijeron que estaba, pero, como cosa de Dios, me la encontré en el camino.

Cuando la vi me sorprendí mucho porque ella no acostumbraba a salir sola de la casa. Al preguntarle a dónde iba, pude ver en sus ojos la rabia y el dolor que sentía por lo ocurrido y por el hecho de no haberme encontrado en el lugar donde le habían dicho que yo estaba. Así que la llevé a la casa y, una vez allí, me descargó todo el dolor que sentía. Lloró como nunca la había visto llorar y, déjeme decirle, que a ella no es fácil sacarle lágrimas por su temperamento y su carácter.

Así que, por un momento se llenó de valor, y me hizo saber con toda calma lo que iba a ocurrir de allí en adelante si no abandonaba la actitud que tenía. Por supuesto, por momentos, yo negaba todo cuanto ella me decía. No obstante, algo ocurrió en mí en ese momento, sentí que todo a mí alrededor se derrumbaba: mi vida, mi familia, mis hijos y mi matrimonio. Fui confrontado por mi esposa y por el mismo Dios al sentir, literalmente, cómo se abrían mis ojos y caían las escamas que no me dejaban ver con claridad lo que estaba haciendo.

En ese momento tome una de las decisiones más importante de mi vida: le pedí perdón a mi esposa y comencé a clamar a Dios cada vez que podía. Le pedía, con todo mi corazón y con todas mis fuerzas, que me enseñara amar nuevamente a mi esposa; que me enseñara cómo ser un buen padre. Yo había tenido una muy mala experiencia porque mi padre me había

88 abandonado siendo yo muy pequeño y, debido a esto, mi concepto de cómo ser un buen padre estaba distorsionado.

A pesar de todo, tuve una gran dicha en medio de tanto dolor: tenía como esposa a una mujer, que fue sabia, entendida que colocó su familia por encima de su dolor. Ella fue paciente y supo esperar el cambio que Dios estaba haciendo en mí. En cuanto a mí, comencé a luchar conmigo mismo. Se desató una guerra en mi mente entre las cosas que quería hacer para agradar a mi esposa y a Dios y las cosas que no quería hacer. Fue un proceso largo pero valió la pena. Hoy puedo hablar con mucha libertad de lo ocurrido delante de las personas pues lo hago para honrar a Dios y a mi esposa. Hoy puedo disfrutar de mis hijos adultos y de mis nietos.

Hoy puedo decirle, que sí puede salir adelante con su matrimonio. **Que si usted quiere y confía plenamente en Dios, de verdad y de corazón, lo puede lograr porque no hay nada imposible para el que cree**. Usted decide si le cree a Dios o a las circunstancias que lo rodean. Debe ser entendido de los tiempos y comprender que todo lo que ocurre alrededor de usted tiene una buena razón para que se cumpla en propósito de Dios. No estoy justificando lo que hice ni lo que usted hizo, pero si ama a Dios como lo amo yo, entonces no se preocupe porque dice la   escritura que a los que aman a Dios, todas las cosas les ayudan a bien (**Romanos 8:28**). Si usted es un hombre o una mujer que ama a Dios, créale por su matrimonio y por su familia.

Debemos ser valientes y entendidos como los hijos de Isacar. Actualmente, Dios está necesitando hombres y mujeres valientes en extremo y, sobretodo, entendidos en los tiempos de dios para guiar a la victoria a las familias y a su pueblo. No importa si hemos fallado, no importa si el mundo se nos viene encima, no importa si creemos que no lo merecemos. Si Dios está con nosotros, quien contra nosotros.

12. HERRAMIENTA II

No es bueno que el albañil este solo

Debemos entender que un hombre solo no es un hombre, sino un varón como lo dijimos anteriormente. Solo se convierte en verdadero hombre cuando está unido a una mujer. Esto también se aplica a la mujer, no es una verdadera mujer si no está unida a un hombre, sino que es una varona. Cuando Dios expresó que «No es bueno que el hombre esté solo; le haré una ayuda idónea para él» (**Génesis 2:18**), estaba anunciando un plan de cirugía para separar al ser humano en dos sexos. En Adán, estaba tanto el varón como la hembra y Dios, a través de una cirugía perfectamente realizada, separó ambos sexos. **Su propósito al separarlos fue que ellos caminaran juntos, unidos y en perfecta comunión con su creador,** con su diseñador.

Ahora bien, para que podamos entender con mayor credibilidad, veamos lo que señala **Génesis: 3:9:** «Mas Jehová Dios

90 llamo al hombre y le dijo: "¿Dónde estás tú?", y él respondió: "Oí tu voz en el huerto y tuve miedo, porque estaba desnudo; y me escondí"». Fijémonos que Dios preguntó «¿dónde estás tú?», dirigiéndose al hombre como un todo, es decir, hombre y mujer; a lo que Adán respondió que estaba escondido porque tenía miedo de mostrar su desnudez. Ahora bien, en este punto podemos preguntamos ¿No tenían ambos miedo?, ¿no estaban ambos escondidos?, ¿por qué Adán respondió en forma singular cuando allí había dos personas (Adán y Eva)? La respuesta es porque ellos andaban juntos, no eran dos, sino uno; Dios no concibe la idea de que el hombre ande solo ni de que camine sin sentido, sin propósito. Él, en su corazón no concibe la posibilidad, de vivir separados, el divorcio, no es una opción para Dios.

Cuando Jehová Dios habló de ayuda idónea para Adán, indicaba que Adán no era capaz de alcanzar, por sí mismo, todo lo que estaba llamado a ser y a hacer. Cuando habla de «idóneo», se refiere al complemento o ayuda necesaria para alcanzar la labor que a diario que tiene que enfrentar para hacer posible la procreación y la convivencia en nuestra tierra.

Imaginemos por un instante al hombre cumpliendo el rol de la mujer: lavando los platos, la ropa, planchando, cuidando los niños en casa, haciendo la comida, esperando la menstruación todos los meses y, de paso teniendo a los bebés. Ahora imaginemos a la mujer cumpliendo el rol del hombre: saliendo de casa a trabajar, luchando día a día por encontrar el sustento para su hogar. Pensemos en el hombre diciéndole a la mujer: «Cariño, oigo un ruido abajo. ¡Creo que hay alguien en casa! Verifica por favor», cuando es el hombre quien está diseñado por Dios para proteger, para guardar, para brindar seguridad, ¿se siente un poco extraño verdad? Es el hombre quien está diseñado por Dios para cumplir con el sagrado mandato de ser proveedor, al igual que la mujer está diseñada con una cualidad y calidad específica para cumplir esas tareas.

Tan perfecto es el diseño de Dios que cuando el hombre echa la carga que le corresponde sobre la esposa y pretende que ella tome este lugar siendo la cabeza y sustento del hogar, simplemente, causa en ella un peso emocional y un estrés tan grande que no es capaz de sobrellevar, al punto que puede interferir en su salud física y psicológica.

Ni el hombre ni la mujer fueron diseñados para sustituir el rol del otro. Aunque a veces encontramos mujeres y hombres que hacen un esfuerzo extraordinario para cumplirlo, lo que quiero decir es que no es el diseño de Dios. Podemos asumir la crianza de nuestros hijos solos, proveerles lo que necesitan y enviarlos a la escuela; pero nunca vamos a poder llenar el vacío que deja un padre o una madre dentro de la relación familiar. No es el diseño de Dios y, por mucho que nos esforcemos, no vamos a poder llenar todos los espacios de las vidas de quienes están con nosotros: esposa, esposo o hijos. **Dios creó al hombre y a la mujer para que siempre estuviesen juntos hasta que la muerte los separe**. Este es el diseño que él creó para nosotros.

92   Debemos entender que tenemos un Dios de procesos y uno de ellos es unir a un hombre y a una mujer. Esto es, comenzamos a vivir una nueva etapa de crecimiento y desarrollo que nos llevará a tener nuestra propia familia, la cual será singular y no tiene por qué parecerse a la de nuestros padres, a la del compadre o la del vecino. Es una nueva familia formada por dos seres tan antagónicos, con costumbres, hábitos, rutinas, modas, mañas y habilidades que pueden chocar entre sí hasta el punto de hacernos pensar que ambos pudimos equivocarnos al tomar la decisión de estar juntos. Mañas y costumbres tan marcadas en algunos casos que terminan destruyendo la relación de pareja por no sabe cómo manejarlas. Actitudes que no vimos en la etapa cuando éramos novios. Popularmente, la gente identifica esta palabra con la expresión «no vio» porque, esa etapa, las personas no ven los defectos del otro. En realidad no vimos nada o no quisimos ver nada. No vimos que era un borracho, no vimos que era un mujeriego, no vimos que contestaba mal a sus padres, no vimos que no le gustaba trabajar, no vimos que roncaba, no vimos que no era aseado, no vimos que era mentiroso. En fin, no vimos nada.

Al principio, solemos no ver nada porque todo lo percibimos desde la perspectiva del corazón. Nos llenamos de amor y solo vemos lo positivo, lo bueno, lo bello, lo maravilloso del encuentro, del sentimiento desbocado. Nos dejamos llevar por el encanto del otro: cada palabra que dice, cada gesto que tiene, como camina, como se ve. ¡Wow! ¡Es el hombre o la mujer de mi vida!

Durante esta etapa, no vemos las costumbres desagradable **93** del otro. Lo bello nos parce más bello y lo demás no lo tomamos en cuenta; preferimos no verlo i hacer caso omiso de las señales que luego pueden desembocar en problemas. El asunto está en que cuando el amor baja la intensidad es cuando la cabeza toma el mando y, cuando la cabeza toma el mando, se comienzan a ver esas realidades que el corazón no puede ver. De pronto, percibimos las cosas que no nos gustan, esos defectos en el otro que nos irritan. Ahora, lo que nos hacía sonreír y morir de risa, nos produce rabia y malestar. Comenzamos a notar las diferencias y a establecer comparaciones con la madre o el padre de uno o del otro cónyuge. Inician, entonces, los benditos conflictos en la pareja.

Ahora bien, ¿qué debe hacer, si aún no se ha casado y está leyendo este libro? La respuesta es simple: aún está a tiempo de no perder el tiempo. Primero, mire el entorno donde vive su novio o novia, cómo es el trato con sus padre y con los demás. Segundo, pregúntese cuáles son sus principios, sus valores, sus sueños, sus anhelos, su fe, si se parecen a los suyos o están muy distantes. Es muy importante tomar en cuenta estas señales al momento de decidir.

El paso que usted va a dar, la decisión que usted va a tomar, va a ser tan trascendental que marcará el resto de su vida, con la que podrá vivir en bendición o maldición para el resto de su vida. Podría decirse que es la decisión más importante de su vida, después de aceptar al señor. Así que no se apresure, aún tiene tiempo, medite, ore a Dios, pídale que le muestre

94 la verdad sobre la persona con quien se quiere casar. Estoy completamente seguro que Dios se lo mostrará.

¿Qué debe hacer si ya está casado o si ya está viviendo esta situación? Lo primero es señalar que el plan de Dios para el matrimonio es que el hombre y la mujer deben unirse el uno al otro y esa unión debe ser para siempre, hasta que la muerte los separe.

Actualmente, las parejas jóvenes parecen casarse con la idea de que si su matrimonio fracasa, pueden obtener el divorcio y listo. Lo ven como algo muy práctico y sencillo, pero no es así. Evidentemente, no conocen el diseño de Dios para el matrimonio porque no han sido instruidos ni guiados por la palabra de Dios para tal fin. Porque no conocen su propósito.

Cuando un hombre y una mujer se casan, prometen ser fieles hasta la muerte; aunque, consciente o inconscientemente, agregan a esta frase el pensamiento: «Bueno, a menos que nuestros problemas sean demasiado grandes». Desde el principio, ya llevan la idea de una separación, pues para ellos el matrimonio es algo muy sencillo o quizás un asunto de suerte; aunque soy de los que piensan que la suerte no existe.

Déjeme aclararle algo. Cuando digo que la suerte no existe es porque tengo la firme convicción de que, para que ella exista, deben darse unas series de situaciones que permitan el éxito. Podemos definir la suerte como la conjunción de todas las situaciones y condiciones necesarias para el éxito; repito: la conjunción de todas las situaciones y condiciones necesarias para el éxito. Es decir, que uno mismo, con la ayuda de Dios, propicia las condiciones y las situaciones que se nos presentan; en consecuencia, somos los arquitectos de nuestra propia vida, somos el resultado de nuestras propias decisiones.

Usted vive hoy la vida que decidió vivir. Las decisiones que tomó en el pasado, su manera de obedecer o no obedecer a Dios y su manera de ver la vida lo tienen a usted en el lugar en que está hoy. En Dios no hay azar. Si comparte su vida con un hombre o una mujer que ahora no llena sus expectativas, no le eche la culpa a Dios o a los demás porque no fue capaz de ver las costumbres, los errores, y la manera de ser del otro. Usted tomó la decisión de unirse esa persona y no escuchó los consejos de sus padres o las advertencias de otros familiares. Tampoco se preocupó por conocer el diseño de Dios y la voluntad de él para su vida.

De cualquier manera, no escribí este libro para hacerlo sentir mal, sino para decirle que aún hay una salida para su vida y para su matrimonio. Dios aprovecha cada circunstancia adversa para nuestro bien. Probablemente, se preguntará cómo puede hacer Dios esto. Él quiere que sepa que si usted ahora ha abierto los ojos y se ha dado cuenta de que se ha equivocado, como lo hice yo, y lo busca de todo corazón, Él dice que esté tranquilo(a). Hay una promesa en **Romanos 8:28:** «Y sabemos que los que aman a Dios, todas las cosas cooperan o le ayudan para bien, esto es, para los que son llamados conforme a su propósito».

96   Este es el tiempo de no perder el tiempo. Hoy, usted puede pensar, ver la vida y a su pareja de manera diferente. **Tome la mejor decisión de su vida e involucre a Dios en su relación de pareja**. Les aseguro que no se va a arrepentir de esa decisión, porque podrá ver una luz al final del túnel y alcanzar lo que anhela en su corazón. Si tiene que hacer en su vida un viaje o un cambio radical hágalo, porque si buscas resultados distintos a los que has tenido, no hagas siempre lo mismo, si quiere ver resultados diferentes en su vida tiene que hacer cosas diferentes.

¡Hombre, mujer, decídase y haga lo que tenga que hacer! Comience dando pequeños pasos; tome en cuenta los pequeños detalles que marcarán la diferencia. No diga que no puede y mucho menos que ya no vale la pena, porque querer es poder. Además, ahora lo va a intentar de la mano de nuestro Dios. Él le dice que cuando se sienta débil, diga soy fuerte porque él estará con usted.

Dios lo conoce y nada escapa de su voluntad para su vida. **Efesios 1:11** nos dice que él «... hace todas las cosas según el designio de su voluntad». El propio Job lo entendió en un momento muy difícil de su vida. Él dijo: «Yo conozco que todo lo puedes, y que no hay pensamiento que se esconda de ti» (**Job 42:2**).

¿Habrá algo difícil para Dios?, ¿habrá algún pensamiento suyo que Dios no conozca?, ¿será que el problema o la dificultad que usted está viviendo es mucho mayor que la vivida por

Job? Job lo perdió todo menos su fe, aunque al principio, por el dolor que sentía, contendió con Dios como, quizás, pueda estar haciéndolo usted en este momento. Quizás, se preguntará por qué le pasa esto a usted, si tal vez hizo algo mal o en qué fallaría. Al igual que usted, Job se hizo muchas preguntas, y fue el mismo Dios quien lo confrontó haciéndole 68 preguntas desde el capítulo 38 al 41. Y Dios comienza diciéndole.

«¿Quién eres tú para dudar de mi providencia, muestras con tus palabras tu ignorancia? muéstrame ahora tu valentía, y responde a estas preguntas: ¿Dónde estabas cuando yo afirme la tierra? ¡Dímelo, si de veras sabes tanto!» **Job 38:4** Lo mejor que usted y yo podemos hacer es no contender contra nuestro Dios. A Job lo mantuvo firme su fe, la misma que lo llevo a ver la gloria de Dios. Sé que a veces vemos las circunstancias tan difíciles que nos cuesta tener fe, incluso pensamos que no la tenemos; pero es necesario que sepa que dios nos dio a todos una medida de fe y que, por lo tanto, solo debe "activarla".

La Biblia dice que todo lo que pidamos en oración, creyendo, lo recibiremos (**Mateo 21:22**). Al hacerlo, usted podrá ver la gloria de Dios en su matrimonio, en su familia y en toda su vida. Solo si decide creer que Dios lo puede hacer.

98   13. HERRAMIENTA III

Nuestra Parcela

La biblia señala en el libro de Marcos **10: 7-9** «Por esto dejara el hombre a su padre y a su madre, y se unirá a su mejer y los dos serán una sola carne, por tanto lo que Dios unió no lo separe el hombre» y **Mateo 19:6** señala: «De esta manera que los que se casan, ya no viven como dos personas separados, sino como si fueran una sola. Por tanto si Dios ha unido a un hombre y una mujer, nadie debe separarlos».

El matrimonio es un pacto irrevocable mediante el cual ambos cónyuges se unen para prometerse fidelidad el uno al otro. Aun cuando nuestro cuerpo físico cambie con el tiempo, debemos continuar amando, honrando, respetando y supliendo cada uno las necesidades de nuestro cónyuge. Cuando la escritura nos señala que debemos dejar a nuestros padres, nos está enseñando que debemos dejar atrás la etapa de la soltería en la que dependíamos de ellos. Y colocar ahora los propios límites, para diferenciar lo que somos, lo que nos pertenece y de lo que ahora somos responsable en primer orden. Se trata de cortar definitivamente el cordón umbilical que, aún después de adultos, pudiera mantenernos conectados a ellos.

Ahora bien, no se trata de abandonar a nuestros padres, pues una cosa es dejar de depender de ellos y otra muy distinta abandonarlos. Sin duda, tenemos la obligación de velar por ellos, de honrarlos, de hacerlos sentir orgullosos por la labor que cumplieron al criarnos. Cuando lo hacemos, cumplimos el mandato de Dios de honrar a nuestros padres para que siempre nos vaya bien.

Uno de los inconvenientes más difíciles entre parejas es entender el rol que juegan los padres dentro de la relación matrimonial. Ya ellos no ocupan el lugar de prioridad como cuando estuvimos solteros, en el matrimonio las prioridades cambian. Ahora, después de su comunión con Dios, la prioridad es su cónyuge. Mientras no entiendas esto y lo pongas en práctica, no lo vas a poder asimilar.

14. HERRAMIENTA IV

Los cinco lenguajes del amor

Existen diversas formas de comunicación en el ser humano y sobre este tema se han realizados un sin fin de investigaciones. Gary Chapman escribió un libro que él le dio por nombre *Los cinco lenguajes del amor*.

El escritor plantea que se puede mantener una relación sana si decidimos pensar un poco en la otra persona con la que queremos comunicarnos y si hablamos de tal manera que esa persona se sienta amada y valorada, el resultado de la comunicación va a ser positivo. Es como si cada persona tuviese un tanque del amor y ese tanque necesitara ser llenado por los otros, pero el problema es que siempre se espera hablarle al otro en el lenguaje en el que uno se siente amado y aquí co-

100 mienza el conflicto. A continuación, presentamos lo que Gary Chapman (1996) denomina "los cinco lenguajes del amor" y la forma como podremos identificar el nuestro y el de las personas que nos rodean.

Los cinco lenguajes del amor

Los lenguajes del amor son las diversas formas emocionales que utilizamos para sentirnos amados o para hacer sentir amados a los otros. Los diferentes idiomas han dividido y separado la cultura humana. Si queremos comunicarnos en forma efectiva en las diferentes culturas, debemos conocer el idioma de aquellos con quienes deseamos comunicarnos. Es igual en el área del amor «su lenguaje emocional amoroso y el de su cónyuge pueden ser tan diferentes como él. No importa cuánto se empeñe en expresar el amor en español si su esposo solo entiende el chino, nunca entenderán como amarse el uno al otro". (Chapman, 1992 pág. 9).

Existen cinco maneras en que las personas hablan y entienden el amor. Se pudiera decir básicamente que existen cinco lenguajes amorosos. Pero cada ser humano desarrollara un lenguaje amoroso principal basado en su estructura emocional única y en la manera en que le expresaron amor sus padres o aquéllas personas que eran importantes para él.

Estos cinco lenguajes son: palabras de afirmación, tiempo de calidad, recibiendo regalos, actos de servicio y toque físico.

Palabras de afirmación 101

Son aquéllas palabras que refuerzan el valor de lo que las personas son, de acuerdo con (Chapman, 1992) son cumplidos verbales o palabras de aprecio y un poderoso comunicador de amor, se expresan mejor en afirmaciones directas y simples.

Algunas personas que crecieron en un ambiente lingüístico negativo tendrán mayores dificultades en aprender a hablar palabras de afirmación. Pero aquellos que crecieron en un ambiente lingüístico positivo, escuchando muchas palabras de afirmación desde niños. Estas son las personas que cuidan la forma en que hablan, son alentadores, afirman, alientan y expresan palabras de apreciación a los demás.

Existen al menos tres clases de palabras de afirmación:

a) *Palabras de ánimo:* La expresión dar ánimo significa inspirar valor, afirmación en lo que se está haciendo. Todo el potencial latente dentro de nuestro cónyuge en sus áreas de inseguridad está esperando nuestras palabras de ánimo.

b) *Palabras humildes:* El amor hace peticiones, no demandas. Cuando demandamos cosas del cónyuge, este llega a ser un hijo y nosotros, los demandantes, nos convertimos en padres. Recordemos que ambos somos adultos y esposos.

c) *Palabras amables:* El amor es bondad, si vamos a expresar amor es necesario utilizar palabras bondadosas.

Lo que decimos y la forma que lo decimos influirán en el clima de las relaciones. Las palabras de afirmación fortalecen las relaciones, mientras que las palabras duras y condenatorias destruyen las relaciones. En este mismo orden

102 de ideas, que muchas veces no es lo que decimos sino cómo lo decimos.

Tiempo de calidad

Tiene que ver con la atención enfocada. Consiste en darle a alguien nuestra completa atención. Es cuando nos ponemos de acuerdo para poder compartir nuestras experiencias, pensamientos, sentimientos y deseos, en un proceso amistoso e ininterrumpido. Cuando usamos el tiempo de calidad como un medio de expresar amor genuino, es un poderoso comunicador emocional.

Para poder ayudar con este lenguaje, **solo necesitamos escuchar de manera comprensiva. Con el propósito de entender los pensamientos sentimientos y deseos de la otra persona**.

Chapman (1996.) recomienda las siguientes estrategias para compartir tiempo de calidad con nuestros seres queridos:

☒ Mantenga contacto visual cuando su conyugue habla. Esto impida la distracción y le asegura a la persona que tiene toda su atención.

☒ No escuche a su conyugue y haga algo más al mismo tiempo.

☒ Escuche los sentimientos de la persona y permítale expresar como siente.

☒ Observe el lenguaje del cuerpo.

☒ Rehúse interrumpir, no intente expresar sus ideas mientras el otro está expresando sus sentimientos. El objetivo no

es defenderse o darle la razón sino solamente entender sus **103**
sentimientos.

Recibiendo Regalos

Un regalo es un objeto tangible que dice "estuve pensando en ti. Quería que tuvieras esto". La palabra griega de ´Regalo´ es charis que en castellano quiere decir ´gracia´ o regalo inmerecido.

Un regalo, por su naturaleza misma, no es un pago por servicios realizados. Cuando una persona nos dice "voy a regalarte… si tú haces…" no ofrece un regalo ni expresa amor.

Un regalo tampoco es para suavizar una situación. **Un regalo se da como una expresión genuina del amor y no tiene que ser caro para ser significativo.**

Actos de servicio

Un acto de servicio es cuando realizamos cosas para una persona que sabemos que le van a gustar, buscamos agradarle sirviéndole, ayudándole en una labor para expresarle nuestro amor.

Toque físico

El toque físico tierno y de apoyo es un lenguaje de amor fundamental. El cuerpo está hecho para el toque físico. De los cinco sentidos, el tacto, no está limitado a una zona determinada del cuerpo.

Este lenguaje es muy importante porque no solo comprende una gran variedad de formas para desarrollarlo sino que

104 también depende de lo bien o mal que se haya adquirido en la etapa de la niñez. Cuando éramos bebés, antes de que supiéramos gatear o comer alimentos sólido, nos sustentábamos con el amor. Numerosos proyectos de investigación en el campo del desarrollo infantil han llegado a la misma conclusión: los bebés que se cargan, abraza y tocan con ternura desarrollan una vida emocional más sana que aquellos a quienes se les deja solos durante varios periodos sin contacto físico. Un tierno abrazo comunica amor a cualquier niño.

No obstante, en la medida en que los seres humanos crecemos, las formas de sentirnos amados mediante este lenguaje también van cambiando de acuerdo con las necesidades y con lo que vieron en sus hogares. Podemos darle a alguien un apretón de manos para demostrarle franqueza y cercanía, darle un abrazo en momentos de crisis, un beso en la mejilla o tomarse de las manos en el caso de los novios y esposos.”

¿Cómo detectar su propio lenguaje del amor?

Con el propósito de que podamos llegar a identificar nuestro propio lenguaje de amor, Chapman (1996) nos presenta una serie de estrategias que podemos utilizar, estas son:

• Observe su propio comportamiento: ¿Cuál es su manera más típica de expresar amor a otras personas? Si casi siempre está animando, o haciendo cosas por los demás, etc.

• Observe lo que requiere de los demás: ¿Qué les dices a las personas que te rodean?

• Escuche sus propias quejas: ¿Cómo quisiera que las personas lo trataran?

Concuerdo con este escritor en que amar es una calle de doble sentido. No solo debemos pensar en nosotros mismos y en cómo queremos ser tratados, sino también debemos descubrir cuál es el lenguaje de amor principal de la persona que nos interesa. Esto es fundamental en las relaciones, pues así él o ella se sentirá amado.

Hacerle preguntas claves al otro, así como observar sus expresiones y atender sus quejas y demandas, ayuda a descubrir su lenguaje de amor.

106   BIBLIOGRAFÍA

Chuck, (2011). *Como Aconsejar Bíblicamente*. Copyright. Kansas City Missouri, USA

Chapman, (1996). *Los Cincos Lenguajes del Amor*. Editorial Unilit. Miami, Fl 33271

Victorious Chirstian Living International, Inc. (1997). *Manual Vida Cristiana Victoriosa*. Copyright. (Formerly Neues Leben International)

Seven Àreas of Life Training (2006). Copyright. *Victorious Christian Living International.*

Ministerios rbc, (2009). *Bloques para construir un Matrimonio Firme*. Ministeries, Grand Rapids, Michigan, USA.

Lofas, (1985). *Step-Parenting*. Editorial zebra. EE.UU

Publicación de María V. Bertoldi de Fourcade 27 AGO 2010 | *Información general* | Edición impresa LA NACION

Instituto de Política Familiar de España (IPF) CFuencisla | Jue, 26/07/2007

Instituto Nacional de Estadísticas (INE). *Estadística Nacional 2008-2013*. Venezula.

Building Block Hoy - PV17: *Descubre las Piezas Clave*

Anunciowww.farfetch.com/BuildingBlock/Colección

Colofón
Datos de imprenta

9 798711 158806